盛唐五人團

完全看懂他們只示範一次的詩人哲學——
孟浩然、王維、王昌齡、李白、杜甫

趙啟麟・著

目錄

佛

王維——我心素已閒的佛系青年

仕

王昌齡——一片冰心在玉壺的求仕之路

道

李白——飛揚跋扈的謫仙人

儒

杜甫——人溺己溺的乾坤一腐儒

推薦序

超穿越詩人課：《盛唐五人團》與您好好談詩

宋怡慧（作家／丹鳳高中圖書館主任）

盛唐是史上國勢富強、文藝鼎盛空前的美好時代，尤以開元、天寶年間，長安堪稱地表最幸福的城市。每個知識分子都想在人文薈萃、萬物善美的政治舞臺，一展長才、施展抱負。盛唐恰是古今中外思想交流與融合，給予詩人得天獨厚的創作沃土。同時，安史之亂造成的時空分野，你會看到詩人創作有昂揚奔放的思想感情；亦有憂世憫民的存亡意識。

趙啟麟《盛唐五人團》抓住富饒時代的詩歌美學，為我們精選盛唐詩五人團，從他們精彩的人生，雋永的詩歌，作家為我們勾勒詩人與時代不可切割的共生關係。同時，也從五人團的生命起伏，訴說性格決定命運，命運都凝鍊在他們詩作之中的弦外之音。

從孟襄陽清雅恬淡與王維精緻空靈，接著王昌齡沉闊聲俊，再到李白浪漫飄逸，終於杜甫沉鬱悲壯，讀者可從作家趙啟麟暖心書寫的縝密邏輯，循序窺見詩人們各個風格特出超凡、作品豐富多元。在作者妙筆的串綴鋪陳下，讓閃亮的盛唐五人團，撐起富有生命力與審美力的亮麗詩壇；如實地讓讀者穿越時空，優雅走進詩人身畔，風華再現盛唐的種種。

你知道嗎？書中的第一位主角是讓李白寫下「告白信的男子」。李白這封信不只寫得感情奔放，還寫得天下人皆知「幸運男主」是誰？沒錯，沒錯，李白是對他捧出了心，用詩句來向洋溢「隱士」風範的偶像致敬：**「吾愛孟夫子，風流天下聞。」**接著，人生境遇和孟浩然相仿的杜甫，也中肯地送出愛心、給了評價：浩然大哥是超越南朝鮑照、謝靈運的詩壇「扛霸子」。

你對孟浩然名滿天下的〈春曉〉有何感受？趙啟麟是這樣來為我們解說：〈春曉〉體現的是作者惜春傷花的憐愛心情，更是讓北宋女詞人李清照一讀完，也「抱緊」處理的詩作。女詞人從**「花落知多少」**進行腦補連結，寫下轟動汴京的〈如夢令〉：**「知否？知否？應是綠肥紅瘦。」**啟麟博學多聞又擅於接地氣地行文，讓讀者輕鬆走進詩人喜怒哀樂的異想世界。

盛唐空靈系美男子王維，一直是讀者完美詩人的投射，詩佛五蘊皆空，光風霽月的形象，深植人心。他走過燦爛無比的仕途人生，也度過鋃鐺入獄的歲月，最後，他選擇坐看雲起時的豁達生活。或許，命運從未對他仁慈，但他把日子活出無所罣礙、逍遙閒適的況味。王維是一個表裡如一的詩人，他明白自己似官非官、似隱非隱的人生價值，可能會帶給家人不小困擾，一如：**「生事不曾問，肯愧家中婦」**昭然可見。厚道的他，真正考慮的，從來都不只有自己，還有身邊的親族友輩。晚年王維回首起伏跌宕的生命際遇，寫下**「一生幾許傷心事，不向空門何處銷」**，自此，王維更虔心事佛、安坐參禪，多少的紅塵俗事都在梵音中漸隱消遁。

至於，永遠保持不拘小節的氣度，且與李白、王維詩名並駕齊驅的王昌齡，善於摹寫邊塞壯闊的風光，戰地風情與戍邊將士保家衛國的豪情，咱們的「七絕聖手」，信手寫來首首扣人心弦，餘韻繚繞。但，命運之神卻沒有給他一個「善終」的結局，或許，「不護細行」是他豪爽迷人的地方，卻也是他仕途貶謫，難以卸下的「生命之重」。

再細讀最受讀者喜愛的俠客詩人李白，你會愛煞飄然不群的他，你會羨煞才思敏捷的他，你會讚嘆他勇於做自己而享受被討厭勇氣的「不合時宜」。唐代因李白而精彩，李白也因盛唐兼容並蓄的時代氛圍，才能站上「詩無敵」的舞臺。

最後，你會在《盛唐五人團》的末章，看到一位謹慎寡言、默默耕耘的典型文人——杜甫，善把社稷人民放在心底的詩史，即便手上拿到爛牌，也要認真打完的杜甫。每次讀著杜甫〈石壕吏〉，悲天憫人、苦民所苦的詩人阿伯，就會晃進我的腦海裡。他孜孜矻矻地運用文字，留下戰亂造成哀鴻遍野，民不聊生的真實場面。有杜甫的社會寫實詩，盛唐的詩壇才算完整，一如韓愈所云：**「李杜文章在，光焰萬丈長。」**

從《盛唐五人團》的詩文中，你會發現：出仕是唐代文人理性的人生選擇，但，道佛盛行的世風，他們內在鼓音也咚咚作響，自然山水的感性召喚，讓他們在隱與不隱之間，左右為難、自我論辯，進而在當官與隱居徘徊流連著。例如，孟浩然終能與玄宗見上一面，卻說出**「不才明主棄，多病故人疏」**的真心話，這不只壞了一生的仕途，也讓直來直往的性格躍然紙上。當然，還有個性一哥王昌齡也有同樣的問題，他們的桀敖不馴，讓喜歡的人很喜歡，卻讓保守的上司們都很頭疼。這也是作家刻意留下的思考伏筆：如果，我們是有雅量的君主，聽到有人說他被我們遺棄，心底會升起不悅還是深刻自省？還有，詩人長期置身山林，與群山萬壑共處，他們少了一點應酬的習氣，卻也難以擁有說話的「同理」藝術，這點王維算是做得最好，最不會得罪人。若想從詩人的境遇，角色互換與之對話：**「且樂杯中物，誰論世上名。」**孟浩然詩句瀰漫愁鬱之情，不免讓人同情其困蹇的仕途，心有唏噓。但身為好友，你要全然支持，還是勸勉他——想當官就得修正人生價值呢？我想，你的答案也印證你的生命之旅的選擇。

翻閱完《盛唐五人團》之後，你會頓生「在對的時間，遇見對的詩人」，這是何其有幸的事。甚至，內心油然而湧的快意與喜悅，會讓你在詩人情韻裡陶然無比。

作家趙啟麟巧思擘劃的同場加映，以拋磚引玉的方式，貼心地收集編排，以便讀者遊歷作者生平、作品之後，能再從詩人及其相關的經典作品選錄，一次打包閱讀，藉此看出詩人整體的人生觀與生命觀。這更是作家貼心製造的閱讀小暖意呢！一本好書讓您邂逅五位好詩人，如此簡單又划算的自我投資，你能不立馬加入我們「盛唐五人團」的閱讀行列嗎？

推薦序

從盛唐入唐詩的坑

厭世國文老師（《戰鬥吧！成語》、《厭世國文教室》作者）

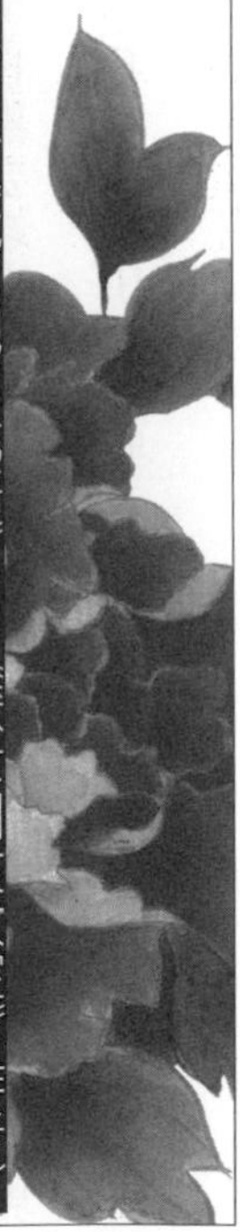

「在這個時代，還有唐詩的位置嗎？」

身為老師，更精準地說是身為一位國文老師，在課堂上依舊有教授唐詩的機會，有崔顥〈黃鶴樓〉、杜甫〈旅夜書懷〉，以及李商隱〈夜雨寄北〉等作品，大約花費四到五節課的時間，試圖從這幾首詩中，開始勾勒唐詩的輪廓，在非常倉促的情況裡，甚至不能說是在勾勒唐詩的輪廓，頂多算是在白紙上塗抹幾處墨漬。

學生就是那張白紙，有時候從他們茫然的眼神，可以看得到疑惑與渴望兩種不同的情緒，皆是從課本上的那首唐詩開始，只不過剛萌生的各種奇思妙想，又被緊湊的進度與繁重的考試給用力壓扁，從此變得平面、單薄，輕飄飄地不知道該往何處去。

我只能靜靜地看著，任憑學生在知識的旋風中搖擺不定。

但這不是世界末日，我也不覺得唐詩走進一條死巷，因為我讀到了《盛唐五人團》，知道還有像趙啟麟這樣的作者，在教室外面的不遠處，像個親切的長輩一樣，仔細談論孟浩然、王維、王昌齡、李白，以及杜甫等詩人的種種過往，並且嚴謹地在每一個需要注意的角落，附上說明的文字。

那麼，為何要直接將聚光燈照射在盛唐，而不是從初唐循序細數，或是從晚唐倒帶回顧？

誠實地說，這是因為盛唐太耀眼了，根本不需要任何外力的幫助，輕易便是一處最顯眼的存在。

在網路世界裡，有個詞彙叫做「推坑」，意思是向他人推薦自己沉迷的事物，希望一起耗費時間、精力，以及金錢，其中隱含些許陷害的惡趣味，但本質上是出於良善的意圖。

而為了讓對方進入這個坑洞，自然要端上最具誘惑力的部分。若我想要推坑《鬼滅之刃》的動畫版，一定會挑選主角在蜘蛛山與下弦之五的對戰片段；推坑金庸小說《天龍八部》，怎麼可以忘記喬峰的聚賢莊之役。

要把人推入唐詩的坑，當然從盛唐開始。

《盛唐五人團》則是從孟浩然開始，他是一個很「淡」的人，在充滿功名利祿的世界，幾乎淡到看不見身影，卻仍然可以強烈感受到他的存在。他的詩也很「淡」，是一種傳承自陶淵明的精神，以文字創造出寧靜祥和的小宇宙，而當你靠近這個小宇宙，可以發現裡面傳來生命的脈動。

接著上場的是王維，他是一位通才型的創作者，除了詩文之外，更精通音律、擅長繪畫、深研佛法，長相還十分俊美，幾乎天底下的所有好處都聚集在他一人身上。值得注意的是，王維總是和世界保持一個友善的安全距離，天底下的所有壞事似乎也近不了他身邊。

如果今天孟浩然和王維要加入男子偶像團體「盛唐五人團」，他們應該分別是「形象擔當」與「門面擔當」，前者是充滿親和力的暖男，後者則是顏值超高的型男。

至於王昌齡呢？他應該可以成為「腹肌擔當」，但這不過是我天馬行空的猜想，唯一可以依靠的薄弱理由是「壯遊邊塞」。王昌齡能夠成為一位四處旅行的背包客，沒有一點肌肉應該是撐不下去的，而他寫下關於將領、士兵、戰爭、沙場等主題的詩作，應該也可以從此稍微想像他堅毅的臉龐與身材線條。

C位，即是 center 中間位置的意思，放在偶像團體裡則是專指實力最強、魅力最大，粉絲最多的藝人，盛唐最有資格獲得這個位置的是——李白。

《盛唐五人團》提到李白有位瘋狂粉絲，走了三千里路只為見心中的偶像一面，而這位瘋狂粉絲不僅獲得與偶像的近距離接觸，最後還帶走李白的所有詩文，根本從李白後援會會員，成為後援會會長，不，是李白的經紀人。

偶像的粉絲，也可能是偶像。杜甫和李白的關係大概就是如此，杜甫擁有很多的粉絲，但他卻是李白的粉絲，曾留下十多首寫給李白的詩作，不是春天想起李白，就是天涼想起李白，似乎每一次腦海中浮現李白的面容，杜甫都情不自禁以詩歌作為自己的告白。（誤）

把盛唐詩人當成男子偶像團體只是我的妄想，《盛唐五人團》實是一本誠懇溫暖的好書，裡面內容正可以回應這篇序文剛開始的問題，這個時代當然有著唐詩的位置，優美典雅的詞彙依舊等待在日常溝通的邊緣，直到有人願意一個接一個將其撈進胸懷之中。

孟浩然——恨無知音賞的風流隱士

孟浩然不是一個快樂的隱士。但不知道為何，他這首悲傷的〈春曉〉，大家幾乎都是從小就念熟了：

春曉　孟浩然

春眠不覺曉，處處聞啼鳥。
夜來風雨聲，花落知多少？

春天睡眠正沉，渾不知已經天亮破曉了。直到四面八方傳來小鳥的啼叫聲，才逐漸醒來。醒來的第一個念頭是：昨天夜晚風雨聲大作，不知道庭院中有幾朵花在風雨摧殘下凋落了？

乍看之下，這首詩只是單純描寫夜晚到早晨的景色變化，不過古人寫詩通常都比較含蓄，他們不明講心中的喜怒哀樂，反而藉由外在景物的變化，呈現自己的心境。

這本來是一個睡到自然醒、鳥鳴啾啾的美好春天早晨，但是孟浩然卻開心不起來，只掛心著昨夜的風雨、脆弱的花朵。

宋人李清照這首詞，頗像從〈春曉〉中演化而來，參照之下，更能理解孟浩然：

如夢令　李清照

昨夜雨疏風驟，濃睡不消殘酒，試問捲簾人，卻道「海棠依舊」。
知否？知否？應是綠肥紅瘦。

一場酣睡之後，她仍然有點宿醉（春眠不覺曉），回想起昨夜聽著疏疏落落的雨聲，伴隨著強勁的風聲（夜來風雨聲）。於是問幫忙捲起窗簾的丫鬟（鳥鳴換成丫鬟），院子裡的海棠還好嗎（花落知多少）？丫鬟回答：「海棠依舊美麗。」唉，怎麼可能呢？妳知道嗎？應該是綠葉更肥美，而紅花消瘦了。

很顯然，李清照將自己無法與丈夫廝守的心情，寄託在海棠花身上，所以認為既然自己消瘦了，紅花怎麼可能盛開呢？孟浩然會如此多愁善感，或許也是將自己的生活現狀，投射在那些花身上了吧？自己一生最好的時光是不是已經過去了？難道還沒受到他人賞識，就要委於塵土了嗎？

想理解孟浩然為何會產生這種惜春、惜花，進而傷春、傷花的心情，就要回到古代文人一個古老的命題：到底該出仕當官？還是隱居田園？

感激遂彈冠，安能守固窮

當官不僅是求得一個職業，這也是文人貢獻社會國家最有用的方式，《論語》有云：**「學而優則仕。」**如果你書讀得很好，就應該去當官。《孟子》也說：**「窮則獨善其身；達則兼善天下。」**如果沒有機會當官，則自己要修身養性；如果有機會當官，更要努力造福世人。這些想法從小就烙印在古代文人的腦裡。那麼，自稱是孟子後人的孟浩然該如何選擇呢？出仕看似冠冕堂皇，可是，他的個性適合當官嗎？

孟浩然出生於武則天在位時期，其後歷經唐中宗、睿宗的政權之爭，朝政始終混亂。因此，二十餘歲的孟浩然沒有選擇考取功名，而是隱居於襄陽的鹿門山，這時他的詩風一派隱士風範：

夜歸鹿門歌　孟浩然

山寺鳴鐘晝已昏，漁梁渡頭爭渡喧。人隨沙岸向江村，余亦乘舟歸鹿門。
鹿門月照開煙樹，忽到龐公棲隱處。巖扉松徑長寂寥，唯有幽人自來去。

鹿門山是孟浩然二十餘歲時的隱居之地，這一天的黃昏時分，他聽到山寺傳來一聲聲的鐘鳴，而附近的漁梁碼頭，則傳來一陣陣爭相渡船的喧鬧聲。村民從沙岸慢慢走回村落，他也乘船回去鹿門的隱居之所。鹿門山的月光，照亮了煙霧朦朧的樹林，不知不覺間就走到了漢代龐德公棲隱山林之處。山巖間的門扉及松間的小徑，長久以來寂靜無聲，只有他這個隱居的幽人自在往來。

雖然這首詩很能體現孟浩然悠然自得的隱士生活，但念著念著，似乎也有點寂寞。在喧鬧的渡口，他只是個旁觀者，不見他與村民談笑，心靈的知己，只有古代的隱士而已。

孟浩然此時的好友張子容，決定選擇另一條道路：赴京趕考。因此孟浩然寫了一首詩送行：

送張子容赴進士舉　孟浩然

夕曛山照滅，送客出柴門。惆悵野中別，殷勤醉後言。

茂林余偃息，喬木爾飛翻[1]。無使〈谷風〉誚[2]，須令友道存。

大意是山間的夕陽餘暉逐漸黯淡，他送客到柴門外。在曠野中惆悵地與朋友飲酒告別，此時微帶酒意，他懇切地跟朋友說：我在山林中隱居，而你則要飛翻離開故鄉的喬木了。千萬不要如《詩經．小雅．谷風》所譏笑的友情不敵榮華富貴，我們的友情一定能長存。

後來張子容順利考上進士，他們倆人雖然在仕、隱之間的選擇不同，但是他們的確維持了一輩子的友情。不過身邊少了好友，孟浩然就更寂寞了。他在重陽節登高時，又想起張子容（家族中排行第五，因稱張五）：

秋登萬山寄張五　孟浩然

北山白雲裡，隱者自怡悅。相望始登高，心隨雁飛滅。
愁因薄暮起，興是清秋發。時見歸村人，平沙渡頭歇。
天邊樹若薺，江畔洲如月。何當載酒來，共醉重陽節。

南朝齊高帝蕭道成曾派人問隱士陶弘景：**「山中何所有？」**到底山中有什麼吸引你之處，讓你不肯出山當官呢？陶弘景寫詩回答：**「山中何所有？嶺上多白雲。只可自怡悅，不堪持寄君。」**大意是每天看著山嶺上的白雲來去，心中自然就毫無塵世紛擾了，不過我只能自己享受這種欣賞白雲的樂趣，無法將白雲送給你。

孟浩然這首詩從此典故出發，他說自己也如陶弘景一般愉悅地享受山中白雲。這天登高望遠，想起好友，你什麼時候會帶酒來呢？好希望可以在重陽節跟你一起大醉一場。

或許是張子容在外地幫忙宣傳他的家鄉有一位才華洋溢的好友，漸漸地孟浩然的名聲也傳開來了，但是他到了三十歲，仍然守著他的隱居生活。不過從詩中也能看出，他有點不甘寂寞了。

書懷貽京邑同好　孟浩然

惟先自鄒魯，家世重儒風。詩禮襲遺訓，趨庭紹末躬[3]。
晝夜常自強，詞賦頗亦工。三十既成立，嗟吁命不通。
慈親向羸老，喜懼在深衷。甘脆朝不足，箪瓢夕屢空。
執鞭慕夫子[4]，捧檄懷毛公[5]。感激遂彈冠[6]，安能守固窮。
當塗訴知己，投刺匪求蒙。秦楚邈離異，翻飛何日同。

他說自己是孟子的後代、家族世代都傳承儒家風範。像孔子訓誡趨庭而過的兒子一樣，自己也熟讀《詩經》、《禮記》。他日以繼夜的讀書寫作，詞賦都寫得挺好。雖然孔子說「三十而立」，但自己仍然一事無成。如今父母年邁，讓他深感憂慮。

因為家裡愈來愈貧困，早上無法提供父母甘美鮮脆的食物，晚上米缸中也空無一物。《論語》曰：**「富而可求也，雖執鞭之士，吾亦為之。」**如果駕車可以求得富貴，我也願意駕車；或許我也該效法東漢人毛義，為了母親而離開隱居生活去當官。不如激勵自己奮起，彈冠出仕吧！怎麼能固守這種窮困的隱居生活呢？不過，請跟我身居要職的京邑知己說，我投遞名帖不是為了求他們引薦關照，只是因為當年好友飛翻離開故鄉，如今我們分隔秦楚兩地，希望有一天能再次聚會，一起「翻飛」。

唐代出仕主要有兩條路徑：科舉考試，以及重要人士的引薦。看來孟浩然的確有出仕的意願，但或許因為隱居久了，養成了不喜歡與他人競爭的個性，所以不願意走科舉的道路；也或許是成年前紛亂的政治環境，讓他無法全心嚮往出仕。

他雖然自稱是孟子之後，但他這一代顯然不是名門望族，無法結交當朝公卿；朋友也都還只是小官，沒有能力為他謀得一官半職。難怪他另一首〈田園作〉要感嘆**「鄉曲無知己，朝端乏親故。誰能為揚雄，一薦〈甘泉賦〉。」**家鄉沒有知己，朝廷沒有朋友，自己的才華雖比得上漢朝的揚雄，但是卻沒有揚雄向皇帝獻上文賦的機會，當然更別提因此受到重用。他想念朋友是真的，因窮困而想當官也是真的，在這種矛盾的情緒下，〈書懷貽京邑同好〉這首詩才會這麼彆扭尷尬。終究我們還是要選擇最適合自己個性的道路吧！

嘗讀遠公傳，永懷塵外蹤

既然孟浩然無法發自內心的積極從政，或許隱士才是他的主要性格，出仕只是理性上不甘埋沒於山林？不過孟浩然應該只是出仕無門的「窮」，而不至於是三餐不繼的「貧」，不然他也不能出遠門遊歷。例如這首被譽為「天籟」、「一片空靈」[7]的紀遊詩代表作：

晚泊潯陽望廬山　孟浩然

掛席幾千里[8]，名山都未逢。泊舟潯陽郭，始見香爐峰。
嘗讀遠公傳[9]，永懷塵外蹤。東林精舍近，日暮空聞鐘。

「掛席」即是「掛帆」，從襄陽乘船幾千里，都未遇見值得一覽的名山。直到這日傍晚泊舟在潯陽城的城郭之下，才終於望見名聞遐邇的廬山香爐峰！他讀過東晉高僧慧遠的傳記，知道遠公當年飄然塵世之外，多年來他一直心嚮往之，也想跟隨遠公的足跡。現在他如此靠近遠公居住的香爐峰東林精舍，夕陽西下，卻只能空聞鐘聲，無法見到那位塵外高人了。南朝梁釋慧皎《高僧傳》記載慧遠的精舍「**負香爐之峰，傍帶瀑布之壑**」，孟浩然在另一首詩〈彭蠡湖中望廬山〉也形容香爐峰之美正在瀑布：「**香爐初上日，瀑水噴成虹。**」

不過這一天孟浩然初來乍到，在〈晚泊潯陽望廬山〉中完全不提具體的景色，他心心念念的只有超越時空的異代知己慧遠。幾千里的奔波、香爐峰的美景，其實都不是那麼重要，對他來說這裡之所以是「名山」，只因寄託了自己的理想。就像李白的夢想是得道成仙，因此當他到了廬山，才忍不住說：「**五嶽尋仙不辭遠，一生好入名山遊。**[10]」

李白比孟浩然小十二歲，當他二十五歲離開家鄉四處漫遊時，也到了襄陽，結識了隱居中的孟浩然，大為傾慕，因此寫下這首詩：

贈孟浩然　李白

吾愛孟夫子，風流天下聞。紅顏棄軒冕，白首臥松雲。
醉月頻中聖[11]，迷花不事君。高山安可仰[12]，徒此揖清芬。

李白說我愛慕孟夫子，他的風流瀟灑天下皆聞。他從年輕時就棄絕求官之路，不屑追求官員的軒車冕帽；現在即使已經冒出白髮，仍然優游於松林白雲之間。孟夫子寧願在月下醉酒，在花間流連，也不願去侍奉君王。《史記．孔子世家》中司馬遷引《詩經》讚美孔子：**「高山仰止，景行行止。」**我也只能在此對著孟夫子清芬高潔的品性，長揖拜服。

這首詩用了幾個典故。古人稱清酒為聖人，濁酒為賢人，「中（ㄓㄨㄥˋ）聖」即為喝醉酒。「高山仰止」的典故裡，又隱藏了司馬遷的贊語說孔子以「布衣（平民）」身分為天下文人景仰，切合孟浩然的隱士身分。

李白以「至聖」孔夫子來比擬自稱孟子之後的孟夫子，真是對孟浩然推崇備至。雖然李白可能誤會了，孟浩然並非主動「棄」軒冕，即使他的名氣愈來愈大，但還是沒有人推薦他入朝當官。當然也可能是孟浩然和李白這個年輕人交往聊天時，只有表現出隱士的那一面吧。

後來孟浩然往遊揚州，經過武昌時又遇見李白。李白為孟浩然送行時寫下這首名作[13]：

黃鶴樓送孟浩然之廣陵　李白

故人西辭黃鶴樓，煙花三月下揚州。
孤帆遠影碧空盡，唯見長江天際流。

微雲淡河漢，疏雨滴梧桐

再過兩、三年，近四十歲的孟浩然終於不再「獨善其身」了，決定去長安考進士。他在秋冬出發，才能在春天之前趕到京城。途中遇到大雪，寫下這首詩：

赴京途中遇雪　孟浩然

迢遞秦京道，蒼茫歲暮天。窮陰連晦朔，積雪滿山川。
落雁迷沙渚，飢烏集野田。客愁空佇立，不見有人煙。

京城長安古屬秦地，這條「秦京道」迢遞遙遠，一年將盡，他卻在蒼蒼茫茫的天地中趕路。從早至晚都是令人難受的陰天，只見山川都積滿了白雪。野雁飛落在沙渚之上，牠迷路了嗎？怎麼不待在溫暖的南方呢？田野中群集了飢餓的烏鴉，無處覓食。這時在外為客的一陣愁苦之情湧上，詩人空自佇立，我是誰？我在哪？放眼望去卻杳無人煙。

在這首詩中見不到孟浩然赴京的興奮，只感受到濃濃的客愁。或許他已預見了結果？但是，如果不抱期待，又為何要上路？他是不是勉強自己去做一件違背自己本性的事情呢？

唐玄宗開元十六年（七二八年），他終於到了長安。〈長安早春〉詩中形容**「雪盡青山樹，冰開黑水濱」**，總算雪盡冰開，冬天過去了。這首詩有的古籍版本認為是張子容所寫，這點難以考證，不過詩末**「何當桂枝擢**（ㄓㄨㄛˊ）**，歸及柳條新」**二句，肯定是趕考士人的共同心情。擢桂枝就是「折桂[14]」，比喻科舉及第。希望在柳枝冒出新芽嫩葉的春天，可以帶好消息回家。

然後，孟浩然名落孫山。這是理所當然的吧？他四十年來都是隱士身分，雖然他說自己**「苦學三十載，閉門江漢陰[15]」**，但應該沒有認真準備過科舉考試，想要第一次考試就金榜題名的確不容易。而且此時的科舉考試，主考官可以看到每份試卷的應考人名字，因此若在考試前無人推薦，也不容易中舉。孟浩然初來乍到，**「朝端乏親故」**，自然也無人推薦。所以孟浩然此次應考，或許只是找個名目前往京城。

放榜後孟浩然繼續留在長安，並結識了後來與他同樣以山水田園詩見長而並稱「王孟」的王維。王維雖然比孟浩然小十二歲左右，但是他不僅二十一歲就考上進士，而且高中狀元，可說是少年得志了。或許因兩人的性格成分表中，「隱士」都佔了很大的比例，因此兩人一見如故。此時王維雖然因不願當地方小官而辭官回到長安，但他認識許多公卿官員，孟浩然若真有心出仕，王維應該可以幫上忙。

有一天王維邀孟浩然參加宮中秘書省的聚會，許多文人雅士當庭賦詩。輪到孟浩然時，他念了「**微雲淡河漢，疏雨滴梧桐**」，一時間所有人大嘆這兩句真是「清絕[16]」，現場這麼多進士出身的人，沒有人認為可以超越這兩句，就都擱筆不寫了。

孟浩然這次當了聚會的句點王，對他的名聲應該大有幫助。這一年，他也跟前一年剛中進士的王昌齡結為好友，而這個好友是名符其實的一輩子好友。

他在長安從春天留到了秋天，不禁有些惘然了，他說：

題長安主人壁　孟浩然

久廢南山田，謬陪東閣賢[17]。欲隨平子去，猶未獻甘泉。
枕席琴書滿，褰帷遠岫連。我來如昨日，庭樹忽鳴蟬。
促織驚寒女，秋風感長年。授衣當九月，無褐竟誰憐。

大意是家鄉的田園荒廢已久，只因我每天在京城追隨朝中的士人。雖然想要像漢代張衡（字平子）所寫的〈歸田賦〉一般返鄉躬耕，卻也因遲遲尚未有機會像揚雄一樣獻上〈甘泉賦〉，讓君王了解我的才華。我的枕席之上堆滿了書與琴，拉開窗簾，見到遠峰連綿，到底下一步該何去何從呢？我彷彿昨天才來到京城，怎麼忽然就聽到庭中樹上的秋蟬鳴唱？促織（蟋蟀）的叫聲驚動了寒苦人家的女兒，該是準備冬衣的時候了。秋風吹起，也讓我這個年紀已長的人，感嘆時光流逝。《詩經・豳風・七月》說**「七月流火，九月授衣」**，又說**「無衣無褐，何以卒歲？」**一年將盡，有誰來同情我這個連粗褐短衣都沒有的人呢？

古人稱進士及第為「釋褐」，意思是脫下褐布短衣、改穿官服。孟浩然應該不是連衣服都沒有，這裡只是藉著《詩經》的典故，進一步說明自己落榜又無人賞識的窘境。

不才明主棄，多病故人疏

既然孟浩然那麼想向君王獻上自己的〈甘泉賦〉，如果讓他真的遇到唐玄宗，會發生什麼事？據說[18]有一天王維又邀孟浩然到宮中聚會，玄宗忽然駕到，孟浩然這個平民本來是不能入宮的，嚇得趕緊躲到床下（唐人的坐榻也稱為「床」，這裡應該不是指睡覺的床）。王維或許是怕玄宗遲早會發現，所以就先行稟告，希望坦白從寬。玄宗一聽不怒反喜：「我也聽人談論過孟浩然，可惜還沒機會見面，不用怕，出來吧！」孟浩然這才趕緊爬出來拜見皇上。

玄宗對他說：「拿你的詩文給我看看。」這不就是孟浩然夢寐以求的獻賦良機？偏偏今天詩文集都沒帶在身邊，他只得回答：「今天臣下沒帶在身上。」玄宗再給他一次機會：「那你念一首詩來聽聽。」於是孟浩然念了這首新作：

歲暮歸南山　孟浩然

北闕休上書，南山歸敝廬。不才明主棄，多病故人疏。
白髮催年老，青陽逼歲除。永懷愁不寐，松月夜窗虛。

他說還是不要上書給皇上吧（「北闕」代指皇宮），我現在只想回去故鄉南山的小屋。因為我沒有才華，所以明智的君主棄我不用；也因為我體弱多病，所以與故人愈來愈疏遠，沒有人推薦我當官。頻生的白髮，催著我日漸年老；溫暖的青陽（春日）也將逼走寒冷的舊年。長久懷著愁思難以入眠，窗外的月光灑過松枝，照著虛無的庭園，也照著我內心的空虛。

玄宗聽完怫然不悅，說：**「卿不求仕，而朕未嘗棄卿，奈何誣我？」**你又沒跟我求過官，竟說我棄你不用，這不是誣蔑我不懂得提拔人才嗎？因此就叫孟浩然可以回老家去了。孟浩然也真是的，難得一次跟皇上面試的機會，即使不願當面拍馬屁念一些「頌聖」的詩，至少念念〈書懷貽京邑同好〉的**「惟先自鄒魯，家世重儒風」**、**「執鞭慕夫子，捧檄懷毛公」**，既自重身分又謙虛得體？但是他只想做自己，情急之下念了這首最能表現他本性的詩。

這個故事其實很難判斷真假，〈歲暮歸南山〉這首詩也有可能是回鄉後才寫的。不過如果孟浩然真有類似的經歷，也還滿合理的。我們都有對成功的渴望，但同時也有對成功的恐懼，很多時候我們會在成功的大門前退縮。尤其是孟浩然多年以來，一直在隱居與出仕之間擺盪徘徊。如果嘗試過了仍然沒有機會當官，那他或許可以心安理得地繼續隱居吧？但如果真的有機會獲得皇帝賞識呢？自己真的要當官嗎？在這種關鍵時刻最能看出一個人真正的嚮往，或許在連他自己都不清楚的本能之下，他害怕成功。

他此時另有一首〈秦中感秋寄遠上人〉說：**「一丘常欲臥**[19]**，三徑苦無資**[20]**。北土非吾願，東林懷我師。」**雖然想要永遠隱居山林，只是苦於家貧。他的心願不是北上當官，而是效法在東林精舍避世的東晉高僧慧遠。

所以李白說孟浩然**「紅顏棄軒冕，白首臥松雲」**，倒也不是誤會他了，不是明主棄他，而是他棄軒冕。

皇上都要他回家了，孟浩然也只能收拾行李離開京城。不過他沒有直接回鄉，而是先四處散散心。先到洛陽，再往吳越。此時期留下不少名作，雖然他可以「如願」歸隱了，終究還是有不得志的感慨吧：

自洛之越　孟浩然

遑遑三十載，書劍兩無成。山水尋吳越，風塵厭洛京。
扁舟泛湖海，長揖謝公卿。且樂杯中物，誰論世上名。

漢代司馬相如少時好書學劍，後因〈子虛賦〉而受漢武帝賞識[21]。自己學書劍以來，匆匆已經過了三十年，現在還是一無所成。如今到了吳越之地尋訪山水勝地，已經厭倦了在京城奔波勞碌的日子。乘著一葉扁舟浪跡江湖是多麼自在；長揖作禮，從此謝絕公卿的邀約。還是舉杯飲酒吧，誰在乎世上的名聲呢？

最後兩句只是強顏歡笑。東晉陶淵明〈責子詩〉有言：**「天運苟如此，且進杯中物。」**西晉張翰則說[22]：**「使我有身後名，不如即時一杯酒。」**孟浩然心儀這兩位前朝的曠達人物，因此借來為自己開脫**「書劍兩無成」**的窘境。看他此時其他的紀遊詩仍是一片愁悶，如〈宿桐廬江寄廣陵舊遊[23]〉**「風鳴兩岸葉，月照一孤舟」**，〈宿建德江[24]〉**「移舟泊煙渚，日暮客愁新」**，便知道一事無成的心理陰影仍然需要更長時間才能排解。他遊玩到了樂城時，在除夕夜遇見年少時一同隱居的好友張子容，別是一番感嘆：

除夜樂城張少府宅　孟浩然

雲海訪甌閩，風濤泊島濱。如何歲除夜，得見故鄉親。

余是乘槎客[25]，君為失路人。平生復能幾，一別十餘春。

他說自己於白浪如雲的大海上，搭船遊訪浙閩一帶，在天風海濤之下，泊舟於小島岸邊。何其有幸，能在這個除夕夜，得以見到故鄉的親人。我是乘著木筏尋仙訪道的旅客，你則是被貶官至此而窮途失路。短暫的人生能有幾年呢？我們竟然已經分別十餘年了。張子容十餘年前便已考上進士，如今仍然是個地方的小官吏。見到年少好友在宦海浮沉，不知道孟浩然會不會慶幸自己沒有從政？畢竟他的個性真的不適合吧！

四十四歲時，孟浩然終於回到故鄉襄陽了。雖然此次離鄉應考不第、求官不成，但也是有收穫的，除了遊歷大江南北增廣見聞，也於長安結識了王維、王昌齡等朋友，並在京師打開了知名度。離京之後，則在吳越等地與儲光羲、綦毋潛、包融、崔國輔等當時著名文人唱和，更與張子容重逢。

孟浩然返鄉之後，能不能像他客途中的詩作所寫，從此斷絕仕宦塵念？例如〈初下浙江舟中口號[26]〉：**「回瞻魏闕路，無復子牟心。」**魏闕指皇宮或朝廷，子牟即戰國時的魏公子牟，他曾說[27]：「**身在江海之上，心居乎魏闕之下，奈何？**」意指雖是隱士，但仍存出仕之心。孟浩然反用其意，他說回首京城之旅，他已經沒有當官的念頭了。他另有一首〈題大禹寺義公禪房[28]〉：「**看取蓮花淨，應知不染心。**」看來他體會了「**本來無一物，何處惹塵埃**」的境界，理解蓮花出汙泥而不染的的清淨。

剛回家時的確是如此，他寫了一首詩寄給京城的朋友，說幸好自己回來了，才能重新過著自己最愛的隱士生活：

仲夏歸南園寄京邑舊遊　孟浩然

嘗讀《高士傳》[29]，最嘉陶徵君[30]。日耽田園趣，自謂羲皇人[31]。

余復何為者，栖栖徒問津[32]。中年廢丘壑，上國旅風塵[33]。

忠欲事明主，孝思侍老親。歸來冒炎暑，耕稼不及春。

扇枕北窗下，採芝南澗濱[34]。因聲謝朝列，吾慕潁陽真。

大意是曾經讀過隱士的傳記，其中我最欣賞東晉的陶淵明，他每日耽湎於田園之樂，自稱是古代的羲皇上人。我為什麼要像孔子一樣，整天在路上徬徨不安呢？人到中年卻離開隱居之地，風塵僕僕趕到京城求官。我一腔忠義想要為明主盡力，也一片孝心想要侍奉年老的父母。回到家鄉已經是炎熱的夏天，錯過了應該播種耕種的春天。不過此時正可以效法陶淵明在北窗下揮扇高臥，或是到南邊的溪澗中採紫芝來吃。請跟我在朝中的朋友說，我只仰慕堯時隱居在潁陽的巢父、許由，希望能過著純真的生活。

欲濟無舟楫，端居恥聖明

雖然他口口聲聲想要隱居，但這也正體現了他內心的矛盾衝突，如果真心喜愛隱居生活，何必不斷以京城生活來對比呢？除了求官之外，他一直以來的另一個痛苦來源是寂寞：

夏日南亭懷辛大　孟浩然

山光忽西落，池月漸東上。散髮乘夕涼[35]，開軒臥閒敞。
荷風送香氣，竹露滴清響。欲取鳴琴彈，恨無知音賞[36]。
感此懷故人，中宵勞夢想。

在這個夏日傍晚，孟浩然坐在南澗旁的涼亭，發現山中夕陽忽然已經西下，而池上的明月漸漸東升。他披散著頭髮乘涼，打開窗戶，在寬敞的地板閒散躺臥。晚風送來荷花的香氣，露水滴在竹子上發出清脆的聲響。想要取一張琴來彈奏，只恨懂得欣賞的知音都不在身旁。他因此更想念朋友了，卻只能半夜時苦苦在夢中追尋。

隱居生活再如何閒適，缺少知己還是寂寞吧！此時期他也寫了一首詩向當時位居丞相的張九齡求官[37]：

望洞庭湖贈張丞相　孟浩然

八月湖水平[38]，涵虛混太清[39]。氣蒸雲夢澤，波撼岳陽城。

欲濟無舟楫，端居恥聖明。坐觀垂釣者，徒有羨魚情[40]。

八月的洞庭湖因秋水大漲，彷彿廣袤無邊，湖面上映著天光雲影。雲夢大澤上的水氣蒸騰，湖水拍打搖撼著岳陽城。他想要渡過這座湖卻沒有船槳，就像他想要出仕卻無人接濟，在君主聖明的時代還端坐家中，真是可恥啊！他只能徒然旁觀釣魚的人，羨慕他們都釣到魚了。

這首詩就一點隱士的矜持都沒有了，不過「**端居恥聖明**」一句完全說明了為何他始終抱著出仕的念頭。《論語．泰伯》說：「**天下有道則見，無道則隱。邦有道，貧且賤焉，恥也；邦無道，富且貴焉，恥也。**」大意是太平盛世，則應該出仕為官；朝政混亂，則適合歸園隱居。處於治世卻生活貧賤，或處於亂世卻生活富貴，都是可恥的。孟浩然始終無法擺脫這種儒家思想的箝制。

過了一、兩年「**野老就耕去，荷鋤隨牧童。田家占氣候，共說此年豐**[41]」的田園生活之後，四十六歲的老孟竟然決定再次赴京城求仕！話說武則天稱帝時，有位進士盧藏用因為不得重用，與兄長隱居終南山，後來接受皇帝詔命出仕左拾遺一官。此後在山中隱居等著出仕，便稱為「終南捷徑[42]」。不過這條捷徑對老孟來說走得有點太久，或許他想最後再試一次，也算對自己的人生有個交代吧？不過到了這個年紀，如果還不能認清自己的長處和缺點，「悲壯」和「悲劇」就是一線之隔了。

此次長安行，不知道該算是無功而返或是求仁得仁，他一事無成地離開京城，寫了一首給王維的告別詩：

留別王維　孟浩然

寂寂竟何待，朝朝空自歸。欲尋芳草去，惜與故人違。
當路誰相假？知音世所稀。只應守寂寞，還掩故園扉。

大意是寂寞啊寂寞，我留在這裡到底還有什麼好期待呢？每天早上帶著期望出門，伴著失望而歸。我想要回鄉去尋找春天的芳草，但要與朋友分別，又感到十分惋惜。當權者有誰可以讓我依靠？世界上的知音本來就很稀有。只應回去守著我寂寞的心，掩上家園的門扉。

不甘寂寞的人最寂寞，尋找知音的人無知音。這種在京城「**朝朝空自歸**」的生活，後來的杜甫也體驗了，而且體驗了十餘年，這個更大的悲劇以後再說。

總之，老孟只能打包回家，回家的路上跟六年前上京時一樣，遇上一場大雪。四周景色一樣荒涼，不過當時的迷惘中還帶有一點期待，而此時真是徘徊無依了：

南歸阻雪　孟浩然

我行滯宛許，日夕望京豫。曠野莽茫茫，鄉山在何處。
孤煙村際起，歸雁天邊去。積雪覆平皋，飢鷹捉寒兔。
少年弄文墨，屬意在章句。十上恥還家，徘徊守歸路。

大意是我的行程因為大雪而受阻，只能滯留在宛許這個地方。日暮時分，回首望著京城。四周是一片茫茫無際、景色已難分辨的曠野，故鄉的山林在哪個方向呢？看見一縷炊煙從前方村落升起，那裡是誰的溫暖家園？大雁向天邊飛去，想必也是急著歸家吧。積雪覆蓋了整個水岸的平原，飢餓的老鷹俯衝而下捉住雪中的兔子。我從少年時就喜歡舞文弄墨，鍾情於撰寫文章詞賦。十次上書給皇帝，卻沒有得到任何回音，讓我沒有顏面回家。站在歸家的路口，我往來徘徊，手足無措。

詩中的「十上」用了戰國時蘇秦的典故[43]。據說蘇秦當年十次上書給秦王，但是都如石沉大海。多年在外奔走，不僅身上的黑貂裘已經破破爛爛，連家中帶出來的百斤黃金都已用罄，只能穿著草鞋、揹著書袋回家。蘇秦回到家時，妻子不織布、嫂子不下廚，父母也不跟他說話，全家都當他是個透明人了。孟浩然此前的詩中也常說自己貧困，此次又出遠門求官，或許也愧對家人吧！

難道孟浩然沒有真材實料，真的不值得推薦給朝廷嗎？當然不是的，後來杜甫也為此抱不平，孟浩然說自己**「無褐竟誰憐？」**杜甫則說**「吾憐孟浩然，裋褐即長夜。賦詩何必多，往往凌鮑謝[44]」**，他說自己也憐惜孟浩然的處境，往往一身裋（ㄕㄨˋ）褐（粗布短衣）就要捱過漫漫長夜。他的詩賦雖然不多，但往往超越南朝的鮑照、謝靈運。用鮑、謝來比擬，這是當時最大的讚美了，另一個能受到杜甫如此讚譽的人只有李白。

隔年春天，襄州刺史兼山南採訪使韓朝宗終於注意到了孟浩然的才華。這位韓刺史可是當時文人爭相拜謁的大官，李白寫信[45]求見時就說：「**生不用封萬戶侯，但願一識韓荊州。**」只要能受到韓朝宗的肯定，就有如「**一登龍門，聲價十倍**」。

孟浩然多年來一直苦於無人為他引薦，此時應該是他最好的機會了。韓朝宗跟孟浩然約好了一起去京城，並準備正式向唐玄宗推薦他。四十七歲才開始官場生涯，雖然晚了點，但總算可以一償宿願，也對得起老祖宗孟子了。

紅顏棄軒冕，白首臥松雲

然後，不知道孟浩然是在成功的大門前再次怯場，還是他終於認清自己的隱士性格不適合當官？總之，到了約定出發的那一天，孟浩然竟然跟朋友相約飲酒！朋友一邊喝酒，卻比他還緊張：「別忘了跟韓公的約定啊！」但是他回答：「**僕已飲矣，身行樂耳，遑恤其它。**[46]」我已經喝到興頭上了，及時行樂啦，其他事就別管了。被放鴿子的韓朝宗雖然大怒，但也不能押著孟浩然上路，只好自行回京。

這次孟浩然終於真的做自己了，這可能是他這一生所做過最好的決定。或許他只想要證明自己有資格出仕，證明自己並非**「遑遑三十載，書劍兩無成」**。這一天他飲酒時一定非常開心，對他的一切質疑都已經成為往事。此後，做自己就好，他應該也知道，以他有話直說又閒散的性格，勉強去當官一定會非常辛苦。他的好友王昌齡就沒想清楚這一點，才會多年來都在低層官吏的職位中浮沉。從此之後，他再非求仕不成的隱士，而是一位拒絕出仕的隱士；或者說，他並非**「不才明主棄」**，而是他主動選擇**「紅顏棄軒冕」**了。

又過兩、三年，張九齡罷相貶至荊州，他已經與孟浩然詩文結交多年，因此便招納四十九歲的老孟入他的幕府任職。對此孟浩然也心懷感激，寫了〈荊門上張丞相〉：**「共理分荊國，招賢愧不材。」**

不過，孟浩然何以辭去韓朝宗的邀約，卻答應入張九齡的幕府呢？或許官位對他來說已不再重要，入幕府工作也不是正式官職，應該就是感謝知己的賞識吧。他從年輕時就時常感嘆**「鄉曲無知己」**，如今有一位懂得賞識人才的人到自己故鄉任職，而且還記得襄陽有他這號人物，他無論如何都不能拒絕的。雖然他偶爾也會抱怨「**返耕意未遂，日夕登城隅。誰道山林近，坐為符竹拘**[47]」。「符竹」指公務，大意是每天登上城牆遙望田園，都想回家耕種，無奈山林雖近，卻是公務纏身。

兩年後孟浩然就因病返回襄陽老家。這幾年王昌齡因貶官、返鄉等種種經歷，數度往來襄陽，孟浩然也都熱情款待。

開元二十八年（七四〇年）王昌齡再次途經襄陽。此時孟浩然大病初癒，醫生叮囑他嚴禁吃魚鮮，但或許是見到老友太開心了，也或許是他認為正在興頭上呢，其他事就別管了，因此與王昌齡盡情喝酒、吃魚。幾天之後，他就背疽復發而過世，得年五十二歲[48]。

人生的最後，他選擇了做自己，此時他不是隱士，也不是官員，而只是一個盡情和朋友歡聚的人。他最喜歡家鄉峴潭的鯿魚了，曾經開心地說「**試垂竹竿釣，果得槎頭鯿**[49]」，或許他這一天正是吃著槎（ㄔㄚˊ）頭鯿呢！

杜甫也是這樣想的，他回顧孟浩然的一生說：

解悶（十二首其六）　杜甫

復憶襄陽孟浩然，清詩句句盡堪傳。
即今耆舊無新語，漫釣槎頭縮頸鯿。

大意是杜甫又想念起襄陽的孟浩然，他的詩真是「清絕」啊，每一句都可以流傳百世。只是可惜啊，今天當地的老人也聽不到孟浩然再作新詩了，只能釣著他生前最愛的槎頭縮頸鯿。

同場加映

過故人莊　孟浩然

故人具雞黍，邀我至田家。綠樹村邊合，青山郭外斜。
開軒面場圃，把酒話桑麻。待到重陽日，還來就菊花。

大意是好友準備了雞肉和黍米飯，邀請我到他的田家作客。一路上見到村邊有綠樹圍繞，城牆外則有青山橫斜。到了他家，我們打開窗戶面對著農田菜園，一邊飲酒一邊閒聊今年桑、麻的收成。最後我們約定好，重陽節時還要一同飲酒賞菊花。

雖然孟浩然的大半生都在仕、隱之間徘徊擺盪，因此留下許多前途彷徨、客途愁悶的詩，類似〈過故人莊〉這種田園生活詩反而是少數。不過，這類詩才最能代表孟浩然的文學成就。

「詩意」並不是刻意雕琢的語言，而是能用最簡約的文字，描寫真實的情感和場景。這一點孟浩然是所有唐朝詩人中的佼佼者。這首詩在平淡自然的語言中，生動描繪了自然田園的景色，以及與友人的親切互動。我們閱讀之時，完全可以拋開對名利、成就的追求，融入孟浩然真實的日常生活。

舟中曉望　　孟浩然

掛席東南望，青山水國遙。舳艫爭利涉，來往接風潮。
問我今何適？天台訪石橋。坐看霞色曉，疑是赤城標。

孟浩然的紀遊名作。虛實交錯，天台山、石橋、赤城山都只是想像中的景色，便如〈晚泊潯陽望廬山〉一般，孟浩然的一「望」，充滿了所有的期待。大意是掛起船帆，遙望東南方的青山和水鄉。用《易經》卜了一個「涉利」的卦，這是利於出航的日子，許多舳艫（ㄓㄨˊ ㄌㄨˊ）船隻都在水面來來往往。若問我今天要去哪裡？啊，我要去天台山造訪石橋[50]，傳說中那裡是人間仙境。看著美麗的朝霞，遠處是不是赤城山的山頂呢？那裡離天台山已經不遠了。

峴潭作　孟浩然

石潭傍隈隩，沙岸曉夤緣。試垂竹竿釣，果得槎頭鯿。
美人騁金錯，纖手膾紅鮮。因謝陸內史，蓴羹何足傳。

隈隩（ㄨㄟ ㄩˋ），曲折幽深處。夤（ㄧㄣˊ）緣，連綿上升狀。金錯指刀，見漢．張衡〈四愁詩〉：**「美人贈我金錯刀。」**西晉張翰在外地當官時，忽然想念起家鄉的菰菜、蓴羹、鱸魚膾，便毅然棄官回鄉。槎頭鯿就是孟浩然的蓴羹、鱸魚膾。

聯想一下，哪道菜是你自己的槎頭鯿？

哭孟浩然　王維

故人不可見，漢水日東流。
借問襄陽老，江山空蔡州。

王維時為殿中侍御史，知南選，至襄陽而作此詩弔祭孟浩然。襄陽的峴山東南為蔡州，這裡是指故人已去，彷彿江山已空。後來王維過郢州，又畫了孟浩然畫像，可惜畫像今已不傳。

題孟浩然畫像　宋・黃庭堅

先生少也隱鹿門，爽氣洗盡塵埃昏。賦詩真可凌鮑謝，短褐豈愧公卿尊。
故人私邀伴禁直，誦詩不顧龍鱗逆。風雲感會雖有時，顧此定知毋枉尺。
襄江渺渺泛清流，梅殘臘月年年愁。先生一往今幾秋，後來誰復釣槎頭。

黃庭堅在這首題畫詩中，概括描述了孟浩然一生的重要時刻，包括隱居鹿門、遇王維、玄宗面前吟詩、再度歸隱、釣槎頭鯿，以及杜甫對他的評價。

盧山謠寄盧侍御虛舟　李白

我本楚狂人，鳳歌笑孔丘。手持綠玉杖，朝別黃鶴樓。
五嶽尋仙不辭遠，一生好入名山遊。
盧山秀出南斗傍，屏風九疊雲錦張，影落明湖青黛光。
金闕前開二峰長，銀河倒掛三石梁。香爐瀑布遙相望，迴崖沓嶂凌蒼蒼。
翠影紅霞映朝日，鳥飛不到吳天長。
登高壯觀天地間，大江茫茫去不還。黃雲萬里動風色，白波九道流雪山。
好為盧山謠，興因盧山發。閒窺石鏡清我心，謝公行處蒼苔沒。
早服還丹無世情，琴心三疊道初成。遙見仙人綵雲裡，手把芙蓉朝玉京。
先期汗漫九垓上，願接盧敖遊太清。

孟浩然的〈晚泊潯陽望廬山〉對廬山的描寫只是點到為止，顯示其清淡的詩風。李白這首詩對廬山則極盡想像、刻劃之能事，如天馬行空，不受拘束。

註釋

1 喬木比喻故鄉、故國。見《孟子．梁惠王下》：「所謂故國者，非謂有喬木之謂也，有世臣之謂也。王無親臣矣，昔者所進，今日不知其亡也。」並非有多年生長的高大喬木，便可稱為故國；故國必須有累世相承的賢臣。

2《詩經．小雅．谷風》篇曰：「習習谷風，維風及雨。將恐將懼，維予與汝。將安將樂，汝轉棄予。」大意是兩人一起經歷風風雨雨的恐懼害怕，但是若有一人飛黃騰達了，就會拋棄舊友。毛詩序說這首詩的主旨是：「天下俗薄，朋友道絕焉。」

3《論語．季氏》：「陳亢問於伯魚曰：『子亦有異聞乎？』對曰：『未也。（孔子）嘗獨立，鯉趨而過庭。曰：「學《詩》乎？」對曰：「未也。」「不學《詩》，無以言。」鯉退而學《詩》。他日，又獨立，鯉趨而過庭。曰：「學禮乎？」對曰：「未也。」「不學禮，無以立！」鯉退而學禮。聞斯二者。』陳亢退而喜曰：『問一得三：聞《詩》，聞禮，又聞君子之遠其子也。』」

4《論語．述而》：「富而可求也，雖執鞭之士，吾亦為之；如不可求，從吾所好。」

5 見《後漢書．劉平等傳序》：「廬江毛義少節，家貧，以孝行稱。南陽人張奉慕其名，往候之。坐定而府檄適至，以義守令，義奉檄而入，喜動顏色。奉者，志尚士也，心賤之，自恨來，固辭而去。及義母死，去官行服。數辟公府，為縣令，進退必以禮。後舉賢良，公車徵，遂不至。張奉歎曰：『賢者固不可測。往日之喜，乃為親屈也。斯蓋所謂「家貧親老，不擇官而仕」者也。』」

6 彈冠，指準備出仕當官。見《漢書．王吉傳》：「吉與貢禹為友，世稱『王陽在位，貢公彈冠。』言其取舍同也。」

7 清．沈德潛《唐詩別裁集》：「此天籟也。已近遠公精舍，而但聞鐘聲，寫『望』字意，悠然神遠。」近人高步瀛《唐宋詩舉要》引清・吳汝綸評：「一片空靈。」

8 「掛」通「挂」。西晉・木華〈海賦〉：「維長綃，挂帆席。」南朝宋・謝靈運〈遊赤石進帆海〉：「揚帆采石華，挂席拾海月。」

9 南朝梁・釋慧皎《高僧傳》：「釋慧遠，本姓賈氏，鴈門樓煩人也……及屆潯陽，見廬峰清靜足以息心，始住龍泉精舍……時有沙門慧永，居在西林，與遠同門舊好，遂要遠同止。永謂刺史桓伊曰：『遠公方當弘道，今徒屬已廣，而來者方多。貧道所棲褊狹不足相處，如何？』桓乃為遠復於山東更立房殿，即東林是也。」

10 李白〈廬山謠寄盧侍御虛舟〉。

11 《三國志・魏書・徐邈傳》：「魏國初建，為尚書郎。時科禁酒，而邈私飲至於沉醉。校事趙達問以曹事，邈曰：『中聖人。』達白之太祖，太祖甚怒。度遼將軍鮮于輔進曰：『平日醉客謂酒清者為聖人，濁者為賢人，邈性脩慎，偶醉言耳。』」

12 《詩經・小雅・車舝（ㄒㄧㄚˊ）》：「高山仰止，景行行止」。《史記・孔子世家》太史公贊曰：「《詩》有之：『高山仰止，景行行止。』雖不能至，然心嚮往之。……孔子布衣，傳十餘世，學者宗之。自天子王侯，中國言六藝者折中於夫子，可謂至聖矣！」

13 詩中的「碧空」一作「碧山」，宋・陸游《入蜀記》特別讚賞末兩句：「太白登此樓，送孟浩然詩云：『孤帆遠映碧山盡，惟見長江天際流。』蓋帆檣映遠山，尤可觀，非江行久，不能知也。」

14 典出《晉書・郤詵傳》：「武帝於東堂會送，問詵曰：『卿自以為何如？』詵對曰：『臣舉賢良對策，為天下第一，猶桂林之一枝，崑山之片玉。』」

15 孟浩然〈秦中苦雨思歸贈袁左丞賀侍郎〉。

16 見唐・王士源〈孟浩然集序〉：「閒游秘省，秋月新霽，諸英華賦詩作會，浩然句曰：『微雲淡河漢，疏雨滴梧桐。』舉坐嗟其清絕，咸擱筆不復為繼。」

17 「謬陪」，一作「叨陪」，謙稱自己追隨他人。「東閣賢」，典出《漢書・公孫弘傳》：「（弘）數年至宰相封侯，於是起客館，開東閣以延賢人，與參謀議。」

18 據《新唐書·文藝下》：「維私邀入內署，俄而玄宗至，浩然匿床下，維以實對，帝喜曰：『朕聞其人而未見也，何懼而匿？』詔浩然出。帝問其詩，浩然再拜，自誦所為，至『不才明主棄』之句，帝曰：『卿不求仕，而朕未嘗棄卿，奈何誣我？』因放還。」《唐摭言》亦有類似記載：「維待詔金鑾殿，一旦，召之商較《風》、《雅》，忽遇上幸維所，浩然錯愕伏床下，維不敢隱，因之奏聞。上欣然曰：『朕素聞其人。』因得詔見。上曰：『卿將得詩來耶！』浩然奏曰：『臣偶不齎所業。』上即命吟。浩然奉詔，拜舞念詩曰：『此闕休上書，南山歸臥廬；不才明主棄，多病故人疏。』上聞之憮然曰：『朕未曾棄人，自是卿不求進，奈何反有此作！』因命放歸南山。終身不仕。」

19 「一丘」指山林隱居之地，典出《晉書·謝鯤傳》：「明帝問曰：『論者以君方庾亮，自謂何如？』答曰：『端委廟堂，使百僚準則，鯤不如亮。一丘一壑，自謂過之。』」

20 「三徑」亦指隱居之地，見《三輔決錄》卷一：「蔣詡歸鄉里，荊棘塞門，舍中有三徑，不出，唯求仲、羊仲從之遊。」東晉·陶淵明〈歸去來兮辭〉亦寫：「僮僕歡迎，稚子候門。三徑就荒，松菊猶存。」

21 《漢書·司馬相如傳》：「字長卿，蜀郡成都人也。少時好讀書，學擊劍……上讀〈子虛賦〉而善之，曰：『朕獨不得與此人同時哉！』」另可參考《史記·項羽本紀》：「項籍少時，學書不成，去學劍，又不成。」

22 《晉書·張翰傳》：「翰任心自適，不求當世。或謂之曰：『卿乃可縱適一時，獨不為身後名邪？』答曰：『使我有身後名，不如即時一杯酒。』時人貴其曠達。」

23 全詩如下：

山暝聽猿愁，滄江急夜流。風鳴兩岸葉，月照一孤舟。建德非吾土，維揚憶舊遊。還將兩行淚，遙寄海西頭。

24 全詩如下：

移舟泊煙渚，日暮客愁新。野曠天低樹，江清月近人。

25 舊說有人乘槎於海上，通往天河，見到牛郎織女。後以乘槎、浮槎比喻登天或尋仙。見晉·張華《博物志》：「舊說云，天河與海通。近世有人居海渚者，年年八月有浮槎去來不失期。人有奇志，立飛閣於槎上，多齎糧，乘槎而去。十餘日中，猶觀星月日辰，自後芒芒忽忽，亦不覺晝夜。去十餘日，奄至一處，有城郭狀，屋舍甚嚴，遙望宮中多織婦。見一丈夫牽牛渚次飲之，牽牛人乃驚問曰：『何由至此！』此人具說來意，并問此是何處。答曰：『君還至蜀郡，訪嚴君平則知之。』竟不上岸，因還。如期後至蜀，問君平，曰：『某年月日有客星犯牽牛宿，計年月，正是此人到天河時也。』」

26 全詩如下：
八月觀潮罷，三江越海潯。回瞻魏闕路，無復子牟心。

27 見《莊子．雜篇》：「中山公子牟謂瞻子曰：『身在江海之上，心居乎魏闕之下，奈何？』」

28 全詩如下：
義公習禪寂，結宇依空林。戶外一峰秀，階前眾壑深。夕陽連雨足，空翠落庭陰。看取蓮花淨，方知不染心。

29 西晉．皇甫謐著有《高士傳》，今傳本中無陶淵明，或許孟浩然所讀版本不同，可不深究。

30 「徵君」即「徵士」（隱士），南朝宋．顏延之〈陶徵士誄〉：「有晉徵士潯陽陶淵明，南岳之幽居者也。」

31 東晉．陶淵明〈與子儼等疏〉：「常言五、六月中，北窗下臥，遇涼風暫至，自謂是羲皇上人。」

32 見《論語．憲問》：「丘何為是栖栖者與，無乃為佞乎。」《論語．微子》：「長沮、桀溺耦而耕，孔子過之，使子路問津焉。」

33 「丘壑」指隱居之地。孟浩然這兩句反用南朝宋．謝靈運〈齋中讀書〉：「昔余遊京華，未嘗廢丘壑。」

34 「採芝」為隱士的行為，見《高士傳》「四皓」條：「秦始皇時，見秦政虐，乃退入藍田山，而作歌曰：『莫莫高山，深谷逶迤。曄曄紫芝，可以療饑。唐虞世遠，吾將何歸！駟馬高蓋，其憂甚大。富貴之畏人，不如貧賤之肆志。』乃共入商雒，隱地肺山，以待天下定。及秦敗，漢高聞而徵之，不至。深自匿終南山，不能屈己。」

35 「散髮」通常為隱士的行為，見《後漢書．袁安傳》：「延熹末，黨事將作，閎遂散髮絕世，欲投跡深林。」

李白〈宣州謝朓樓餞別校書叔雲〉也寫：「人生在世不稱意，明朝散髮弄扁舟。」

36 「知音」典出《呂氏春秋》：「伯牙鼓琴，鍾子期聽之，方鼓琴而志在太山，鍾子期曰：『善哉乎鼓琴，巍巍乎若太山。』少選之間，而志在流水，鍾子期又曰：『善哉乎鼓琴，湯湯乎若流水。』鍾子期死，伯牙破琴絕弦，終身不復鼓琴，以為世無足復為鼓琴者。」

37 一說此詩為早年寫給張說，不詳考。

38 「平」形容湖水廣闊，彷彿與天際連成一片。八月已入秋，《莊子．秋水》說：「秋水時至，百川灌河。」即是說明秋天的水勢。

39 「涵」，包涵；「虛」，虛空。「太清」，天空。

40 「羨魚」，「羨人得魚」之意，見《漢書．董仲舒傳》：「古人有言曰：『臨淵羨魚，不如退而結網。』」與其羨人得魚，不如歸家織網，坐而言不如起而行。

41 孟浩然〈田家元日〉。

42 見《新唐書．盧藏用傳》：「盧藏用，字子潛，幽州范陽人。父璥，魏州長史，號才吏。藏用能屬文，舉進士，不得調。與兄徵明偕隱終南、少室二山，學練氣，為辟穀……長安中，召授左拾遺……晚乃徇權利，務為驕縱，素節盡矣。司馬承禎嘗召至闕下，將還山，藏用指終南曰：『此中大有嘉處。』承禎徐曰：『以僕視之，仕宦之捷徑耳。』藏用慚。」

43 《戰國策．秦策》：「（蘇秦）說秦王書十上而說不行。黑貂之裘弊，黃金百斤盡，資用乏絕，去秦而歸。贏縢履蹻，負書擔橐，形容枯槁，面目黧黑，狀有愧色。歸至家，妻不下紝，嫂不為炊，父母不與言。」

44 杜甫〈遣興五首〉其五。

45 李白〈與韓荊州書〉：「白聞天下談士相聚而言曰：『生不用封萬戶侯，但願一識韓荊州。』何令人之景慕，一至於此耶？豈不以周公之風，躬吐握之事。使海內豪俊，奔走而歸之。一登龍門，則聲價十倍。」

46 見唐．王士源〈孟浩然集序〉：「山南採訪使本郡守昌黎韓朝宗謂：『浩然間代清律，置諸周行，必詠穆如之頌。』因入奏，與偕行，先揚於朝，與期約日引謁。及期，浩然會寮友，文酒講好甚適。或曰：『子與韓公豫諾而忘之，無乃不可乎？』浩然叱曰：『僕已飲矣，身行樂耳，遑恤其它。』遂畢席不赴，由是閒罷，既而浩然亦不之悔也，其好樂忘名如此。」

47 孟浩然〈和宋大使北樓新亭〉。

48 見唐．王士源〈孟浩然集序〉：「開元二十八年，王昌齡遊襄陽，時浩然疾疹發背且愈，相得歡甚，浪情宴謔，食鮮疾動，終於冶城南園，年五十有二。」

49 孟浩然〈峴潭作〉。

50 據《太平寰宇記》引《啟蒙注》：「天台山去天不遠，路經油溪水，深險清泠。前有石橋，路徑不盈尺，長數十丈，下臨絕澗，惟忘身然後能濟。濟者梯巖壁，援葛蘿之莖，度得平路，見天台山蔚然綺秀，列雙嶺於青霄。上有瓊樓、玉闕、天堂、碧林、醴泉，仙物畢具也。」

佛

王維

——我心素已閒的佛系青年

殭屍電影或是戰爭電影一定會有的情節：主角在彷彿世界末日的絕望中，懷念以前日復一日的無聊人生，也才知道平淡的生活是多麼珍貴。從這個角度看，王維最特別之處是他一生都在追求平淡，我們可以說他就是整個唐朝「平淡而美好」的代言人。

王維五十歲[51]左右在長安南方的藍田縣輞川別墅寫了二十首五言絕句《輞川集》，這組詩不僅是他的代表作，其中多首甚至可以視為他的人生縮影，例如這一首：

輞川集．竹里館　王維

獨坐幽篁裡，彈琴復長嘯。

深林人不知，明月來相照。

「篁」為竹林，大意是他獨自坐在幽寂的竹林中，一邊彈著古琴，一邊高聲長嘯。沒有人知曉他在這座竹林的深處，只有明月靜靜照著他。

「彈琴復長嘯」應該是非常開心的事吧？不過他卻是「獨坐」而且「人不知」。但他似乎一點都不寂寞，反而自得其樂。然而，這種快樂如果全世界只有明月知道，那除了他自己之外，可不可以說這種「快樂」對世界上的其他人來說都不存在呢？似乎存在，又似乎不存在，這種「若有似無」的境界，就是他一生的追求。他大概是全世界最喜歡居家隔離的人了，就像他妻亡後不再娶，獨居三十年，每天在極簡陋的家中焚香念經[52]。他似乎在當官，又似乎在隱居，過著「半仕半隱」的生活。

他的名字，說明了這種特別境界的來歷。王維的母親篤信佛教，因此以《維摩詰經》為他取名維，字摩詰。後來他自號「摩詰居士」，到了中晚年過著既出世又入世的生活。在幾次人生的重要時刻，他幾乎不做選擇，隨遇而安。既然色即是空，空即是色，那麼做哪種選擇似乎也沒什麼差別。

不過這種境界不是一蹴可幾，他先是大放異彩，然後才歸於平淡。

春來遍是桃花水，不辨仙源何處尋

王維十五歲左右獨自離家赴長安求學，十七歲就寫下這首成名作：

九月九日憶山東兄弟　　王維

獨在異鄉為異客，每逢佳節倍思親。
遙知兄弟登高處，遍插茱萸少一人。

王維是太原王氏家族，這是當時的望族，其後家居蒲州（今山西永濟市），附近最著名的山為西邊的華山，而長安又在華山的西面。這首詩的大意是說九月九日時，本來應該與家人一起登高望遠的，但他卻獨自一人在異鄉作客。值此重陽佳節，倍加思念在華山東面的親人。他心裡知道，弟弟頭上插著茱萸登山時，一定也很遺憾哥哥不在身邊吧！

從這首詩可以看出他們兄弟的感情很好，因此才能有自信的說不僅自己思念兄弟，兄弟也一定思念著自己。

過沒多久，他的弟弟王縉也到了長安，兩人都多才多藝，憑著詩文、書法、繪畫的非凡造詣，很快就在京城闖出名號，據說[53]諸王公、駙馬、豪門的宴會都希望他們能當座上客。而王維不僅才華洋溢，更是翩翩美少年，**「妙年潔白，風姿都美[54]」**，而且喜歡音樂，彈得一手好琵琶。唐朝詩人的登場扮相，就屬他最光芒耀眼。

大約十九歲時，他改編東晉陶淵明的〈桃花源記〉寫了一首長篇七言樂府〈桃源行〉，從漁人誤入桃花源，**「漁舟逐水愛山春，兩岸桃花夾去津」**，一直寫到漁人欲回桃花源而不可得，**「春來遍是桃花水，不辨仙源何處尋」**。這首詩後世大為讚賞，清人王士禛認為[55]，唐、宋之間有許多文人都寫了〈桃源行〉，但就連韓愈、王安石的作品都比不上王維，因為他們都寫得太用力了，而王維寫得非常「自在」，難怪後人都說盛唐詩人「高不可及」。

「自在」就是不勉強、不雕琢，下筆如行雲流水，從中可以隱隱看出他「佛系青年」的個性了。

雖然自在，但倒不是完全無所追求，畢竟他才不到二十歲，而且終究是到京城了。他此時另有一首長詩〈洛陽女兒行〉，雖然寫的是紅顏易老、繁華易盡的古老主題，但結尾**「誰憐越女顏如玉，貧賤江頭自浣紗」**，也多少透露出他憐惜「顏如玉」的佳人，竟然只能在江邊浣沙，過著貧賤的生活，而他自己不也青春正盛、飽讀詩書，怎麼能年紀輕輕就甘於一事無成？

所以，王維還是要參加科舉考試，並且找到重要的推薦人。這件事對孟浩然、杜甫等人是千難萬難，對王維卻是輕而易舉。據說唐玄宗的弟弟岐王李範很欣賞王維，時常帶著他到各處飲宴。有一天他要王維新譜一首琵琶曲，並且抄幾首自己比較「清越」（清新脫俗）的詩，五天後陪他去參加宴會。到了當天，王維才知道原來是參加唐玄宗最疼愛的妹妹玉真公主的宴會。岐王拿出華麗非凡的衣服讓王維穿上赴宴，他跟公主說：「我今天帶了人來彈琵琶給妳聽。」

然後，王維這個妙年美男子出場了，在眾多樂伎簇擁之下，彈了一首如泣如訴的曲子，聽得公主芳心大動。

這到底是來獻技呢？還是來選駙馬？王維這個讀書人怎麼沒有一點矜持，竟然答應這場表演，這不是樂伎的工作嗎？難道他也想當藝人？他應該不是懼於岐王的權勢，所以不敢拒絕，因為岐王是真的喜愛音樂、欣賞王維的才華（之後我們在杜甫的詩中還會看到這位愛音樂的岐王）。

這還是跟王維「無可無不可」的個性有關。原來赴宴之前，岐王就跟王維說：「你是個布衣文人，沒有一官半職的，憑什麼去見公主呢？一切聽我的。」王維也就聽岐王的話，認真打扮上場。總之，一切不勉強、也不拒絕，自在寬心，看看會發生什麼事吧！公主聽完演奏之後非常喜歡，她問：「這是什麼曲子？」

王維回答：「這是我新譜的〈鬱輪袍〉。」

這時岐王才順水推舟：「這個年輕人不僅懂音樂，他寫的詩也無人能出其右。」

公主這就更好奇了：「有你的詩可以讓我看看嗎？」日後孟浩然見唐玄宗時，就是敗在這件事，老孟不僅沒有隨身帶著上得了檯面的詩，甚至還念了一首不得體的詩**「不才明主棄，多病故人疏」**。這也要歸功於岐王設想周到，要王維先準備好清越的詩。

公主取來一看，更是驚訝：「這些詩我都讀過，本來以為是古人的詩，原來是你寫的！」

她此時對王維已是滿心喜愛，便要他更衣（換下打歌服）之後重新入座。公主見他舉止瀟灑又含蓄，談吐詼諧，便問岐王：「王維為何不應舉參加考試？」

按照當時的考試制度，文人要先參加各地方的鄉試，才能去考進士。岐王又推波助瀾了：「如果有人願意推薦王維，讓他當京兆府試的『解（ㄐㄧㄝˋ）頭』（京城的鄉試第一名）就再好不過了。」

公主一聽就懂，她說：「王維你就去考試吧。」

後來王維果然就是京兆府試的解頭，然後科舉雖然落榜一次，但是他再接再厲，不僅考上進士，而且高中狀元！

此時王維二十一歲，以最華麗耀眼的姿態登上官場。相較於孟浩然四十歲考試落第、李白四十二歲才首次奉詔入宮，少年得志的王維，未來應該有更大的舞臺在等他吧？

不過，最令人意外的不是玉真公主賞識他，也不是他當上狀元郎，而是這竟然成為王維一生最燦爛的時刻，從此之後歸於寧靜。

我心素已閒，清川澹如此

或許是因為王維有音樂專長，所以他的第一個職位是「太樂丞」，不是說這個職位太快樂喔，太樂丞隸屬於主掌皇宮禮樂的太常寺，負責教習伶人郊廟祭祀的音樂和舞蹈。但是才過了幾個月，就發生「伶人舞黃獅子」事件：宮中的音樂和舞蹈都有嚴格規定的特定場合，而黃獅子只能為皇帝而舞。但不知為何，伶人私下舞黃獅子，所以王維也受牽累，貶謫往濟州（今河南省濟源市）任司庫參軍。不過這件事有點詭異，因為王維還只是一個上任沒多久的小官，應該有上層官員該為這起事件負責，不過新舊《唐書》都查不到紀錄，這事只記載在《太平廣記》引用唐人薛用弱所撰的《集異記》。所以即使真有其事，應該也是件不重要的小事，王維只是當了一次替死鬼吧。他剛被貶時寫詩〈被出濟州〉：**「微官易得罪，謫去濟川陰。……縱有歸來日，多愁年鬢侵。」**擔心再回到宮中任職時，恐怕已因多年愁苦而白髮蒼蒼了。不過他畢竟是年輕人，很快就從這次打擊中恢復過來，途中到了河北（今山西省平陸縣），寫下這首頗有他日後閒適風格的詩：

登河北城樓作　王維

井邑傅巖上，客亭雲霧間。高城眺落日，極浦映蒼山。
岸火孤舟宿，漁家夕鳥還。寂寥天地暮，心與廣川閒。

「井邑」為市井村落，「傅巖」為當地著名山巖，傳說殷商時的傅說曾經在此築牆，後來才被殷高宗任命為相。這首詩的大意是他登上古城樓，看見傅巖上的小村落，也看見了雲霧縹緲中的驛站客亭。在城牆高處眺望落日，蒼山倒映在遠處的水面上。岸邊停泊的幾艘小舟傳出點點燈火，打漁人家與飛鳥伴著夕陽回家。他傍晚站在這寂靜廣闊的天地之間，心境與眼前廣闊的黃河一般閒適。

王維特別點出「傅巖」，應該是懷有日後可以再受重用的期待，不過未來的事情不需多想，還是隨遇而安，好好欣賞眼前的景色吧！

誰說人一定要有雄心壯志呢？「年輕」一定要「有為」嗎？他這個佛系青年，偏偏就喜歡年輕無為。到了濟州，他很快就融入當地生活，與其抱怨懷才不遇，不如好好跟身邊的人相處。雖然他要處理公事、拜謁長官，但也同時跟當地人相處愉快，例如他〈濟州過趙叟家宴〉寫**「深巷斜暉靜，閒門高柳疏」**，〈寄崇梵僧〉說**「落花啼鳥紛紛亂，澗戶山窗寂寂閒」**，他欣賞這些朋友的「閒」，也說明了這是他自己的追求。

王維的詩中常用「閒」字，而且用得真好，這個字跟了他一生，例如他後期的名作：

皇甫岳雲溪雜題五首：鳥鳴澗　**王維**

人閒桂花落，夜靜春山空。
月出驚山鳥，時鳴春澗中。

他在朋友家感到非常閒適，連細碎的桂花飄落也注意到了。春夜的山中非常安靜，彷佛山中空無一物。一輪明月升起，驚動了山中的鳥，不時在春天的溪水邊鳴叫。這首詩寫得非常有禪意，山中似乎什麼都沒有，又似乎春意盎然，一切在若有似無之間。可能是因為王維的個性的確如此，所以他說自己追求閒適才特別有說服力。這裡先劇透：如果看到李白說「閒」，絕對不要相信他，他一輩子都好想當官。

時光倏忽四、五年，朝廷始終未曾想起有這麼一位多才多藝的年輕人在鄉間任職，卻將他調往淇上任職。他或許認為新職位不值得留戀，沒多久就辭官隱居了。

他很喜歡隱居生活，非常享受鄉間的寧靜：

淇上田園即事　王維

屏居淇水上，東野曠無山。日隱桑柘外，河明閭井間。
牧童望村去，獵犬隨人還。靜者亦何事，荊扉乘晝關。

不過此時王維已二十七歲，心情也日益複雜，因為他不能只想到自己，他還要顧慮家人。他的〈偶然作六首〉就充分說明了這種心情，既說**「楚國有狂夫，茫然無心想」**，將自己比擬為孔子所遇的楚狂人，無心仕途，整日浪跡山野，**「散髮不冠帶，行歌南陌上」**。同時他又擔心自己一事無成且不擅理財，無法幫助家中弟、妹，**「小妹日成長，兄弟未有娶。家貧祿既薄，儲蓄非有素」**。此時王維應該已經結婚了，他又想起東晉不為五斗米折腰的陶淵明，「**陶潛任天真，其性頗耽酒。自從棄官來，家貧不能有**」，就算自己能忍受貧窮，還是會愧對妻子啊，「**生事不曾問，肯愧家中婦**」。

在淇上隱居兩年之後，他漸漸懷疑起自己的人生。想要看破紅塵，首先要在紅塵中才行，是不是該回去當官呢？他數次上書朝廷，陳述自己的政見，但是都沒有得到回音，因此寫了一首〈不遇詠〉，前四句連用四個「不」字，顯見他的失望頹喪：「**北闕獻書寢不報，南山種田時不登。百人會中身不預，五侯門前心不能。**[56]」大意是上書朝廷無回應，種田南山又收成不佳；無法參加京城中的百人盛宴，也不願去求見王侯。

說是這樣說，但是王維終於還是決定回去京城，此時他已二十九歲，而且一回京城，諸王孫及官員都仍然以禮相待，誰會不喜歡多才多藝又謙虛的美男子呢？這是他另一段「若有似無」的時光，雖然每日與王侯及官員飲宴，時常出入官府、皇宮，但卻沒有官職在身，似官非官。這也是孟浩然首次到長安應考的時候，王維便帶著他結識京中官員，參加各種文藝聚會。

還記得孟浩然一直想向皇上獻賦嗎？在他黯然離京時，王維寫了一首〈送孟六歸襄陽〉為他送行：**「杜門不復出，久與世情疏。以此為良策，勸君歸舊廬。醉歌田舍酒，笑讀古人書。好是一生事，無勞獻〈子虛〉。」**雖然才認識幾個月，但王維已經摸清楚孟浩然的個性，知道他隱居已久，所以不熟悉人情世故，因此勸他回家喝酒讀書，才是最適合他的生活，別再想著像漢代司馬相如因獻〈子虛賦〉，而受到皇上賞識了。

就在王維於京城如魚得水之際，前幾年結識孟浩然的李白也來到長安了，他的年紀與王維差不多，而且他也想去拜見玄宗最疼愛的玉真公主，但是卻被公主冷處理，有點悽慘悲涼，這段故事以後再說。此時同在長安的王維與李白的關係很特別：這兩位大詩人毫無關係，而且終身在各自的詩作中也未提過對方。這點真的很奇妙，除了孟浩然，他們還有王昌齡、高適、杜甫、賈至等許多共同朋友，即使這一年他們沒有交集，也不太可能始終不認識對方；至少李白後來奉詔入宮時，王維也正在宮中任職。以當時寫詩酬答唱和的風氣之盛來看，還是因為兩人個性不合的關係吧。王維這個人畜無害的佛系青年，應該不喜歡李白那種**「痛飲狂歌、飛揚跋扈[57]」**、**「天子呼**

來不上船」[58]的傲慢個性。

王維這種似官非官的生活過了兩年，朝廷仍然沒有重新任命官職，或許以為他真的無心仕途吧？然後，他的妻子過世，從此孤居三十年不娶，他跟世界的關係就更加疏離了。

這幾年玄宗常常往幸東都洛陽，王維在長安閒居幾年之後，便也前往洛陽，而且很難得地，竟然主動寫詩〈上張令公〉呈中書令張九齡，希望得到引薦。然後，他就在離洛陽不遠的嵩山隱居等待消息。他一點都不擔心，因為他已經等了這麼多年，這是他最擅長的事了，何況他跟孟浩然不同，他最喜歡悠閒的生活了。路上他寫下這首名作：

歸嵩山作　王維

清川帶長薄，車馬去閑閑。流水如有意，暮禽相與還。

荒城臨古渡，落日滿秋山。迢遞嵩高下，歸來且閉關。

「薄」是草木叢生的地方。詩的大意是清澈的河川環繞著一片長草地，車馬悠閒從容地前進。流水似乎有意一路陪伴我，夕陽西下，禽鳥也與我一同返家。途經一座荒廢的城池，旁邊是古老的渡口，落日的餘暉映滿整座秋山。遠方的嵩山，就是我要去閉關隱居的地方。

閉關生活都在做什麼呢？大概不是自己在家念佛經，就是跟山中的僧侶討論佛法吧，例如他在〈山中寄諸弟妹〉所說：**「山中多法侶，禪誦自為群。城郭遙相望，唯應見白雲。」**雖然可以遙望城郭，但他眼中只有白雲。

這次王維等不到一年，就被任命為右拾遺，此時他已經三十五歲，終於重新回到職場。翻開王維的詩集，可以發現他的詩有一項很重要的特色：他極少感嘆自己懷才不遇，也不會怨天尤人，就只是好好的過日子。孟浩然、杜甫等多數詩人都不懂，我們不能選擇外在的環境，但是我們能決定自己的心境。七、八年閒居無職的日子該怎麼過呢？有人終日抱怨，有人悠閒度日；而悠閒，其實不一定要家財萬貫。

例如他有一次去長安西邊的黃花川（今陝西鳳縣附近）遊玩，寫下這首詩：

青溪　王維

言入黃花川，每逐青溪水。隨山將萬轉，趣途無百里。
聲喧亂石中，色靜深松裡。漾漾泛菱荇，澄澄映葭葦。
我心素已閒，清川澹如此。請留盤石上，垂釣將已矣。

「言」為發語詞，「趣途」同「趨途」。大意是每次要去黃花川，都要沿著青溪前進。隨著山路千迴萬轉，路途不到一百里。溪水流經亂石時喧騰激響，流經松林深處則清澈靜謐。再往前行，可以看見波光盪漾，水面漂浮著菱葉、荇菜等水草，碧澄澄的溪水倒映著岸邊的蘆葦。我的心境平素都是如此閒適，有如這條淡淡的小川。我願意永遠坐在這塊大石頭上垂釣，度此一生。

最後兩句雖然說得比較誇張，但當時或許內心真的有這種衝動吧。在整部《全唐詩》數萬首詩中，只有王維與盧綸寫過黃花川，而後者的〈送張郎中還蜀歌〉只有一句話**「黃花川下水交橫，遠映孤霞蜀國晴」**帶過，可見這不是旅遊名勝。從盧綸的詩也能得知，黃花川應該是從京城入蜀的必經之路，所以這大概是王維某次去蜀地遊玩時在途中所寫。既然入世與出世沒什麼差別，出仕與退隱也沒什麼差別，那名山大川與這條小溪又有什麼差別呢？只要心情閒適，就是最好的地方。

王維在洛陽上任右拾遺之後，寫詩〈獻始興公〉給張九齡，**「賤子跪自陳，可為帳下不」**，表達追隨張公的心意。不過隔年張九齡就被玄宗罷相，改為重用李林甫，後更任李林甫為宰相，從這件事就可以看出朝政已經日益敗壞。李林甫即是「口蜜腹劍」這個成語的主角[59]，跟你交往時說話甜蜜蜜，但肚子裡的劍已經隨時準備抽出來從背後刺你一劍了。

王維既然是張九齡推薦任用的，那麼他是否應該跟張九齡同進退？他的個性不會這麼做，他就是不會主動做選擇，只會留下來，看看會發生什麼事。所以他就隨玄宗一起返回長安了。

後來張九齡被貶去荊州，並招納孟浩然進他的幕府。王維寫了一首〈寄荊州張丞相〉：**「舉世無相識，終身思舊恩。」**雖然說感念他的提拔知遇之恩，但王維也對他的處境無能為力。

不過這裡也可以看到，王維雖然看似遁世，但對人情世故是非常圓通的，寫了一首希望得到張九齡引薦的詩便耐心等候，絕對不會魯莽催促；得到引薦之後便寫了一首感謝的詩；對方受到挫折之後，便再寫一首詩同仇敵愾。同時間，他在朝中陪玄宗飲宴時，奉和應制詩（應皇帝之命而寫的詩）以及與同僚應答酬唱的詩也沒少寫過。該吃飯就吃飯，該掃地就掃地，果然是個掃地僧。不過，這種「以不變應萬變」的心法，日後卻差點讓他惹禍上身。

江流天地外，山色有無中

開元二十五年（七三七年），河西節度副大使崔希逸戰勝吐蕃，約三十七歲的王維以監察御史的身份出塞宣慰，他的少數邊塞詩應該都是作於這段時期。

使至塞上　　王維

單車欲問邊，屬國過居延。征蓬出漢塞，歸雁入胡天。

大漠孤煙直，長河落日圓。蕭關逢候騎，都護在燕然。

河西節度使的治所在涼州武威郡（今甘肅省武威市），詩中的居延、蕭關、燕然與此相距甚遠，都只是代指邊疆。「屬國」即為「典屬國」，漢朝官名，代指使臣。這首詩大意是輕車簡從去慰問邊塞，使臣往居延方向前進。自己如飛蓬一般出了漢人邊塞，如歸家的大雁入了胡人的天地。路途上見到大漠上一縷直挺挺的狼煙，又大又圓的落日在長河的盡頭。終於到了邊關，遇見了將軍派出的斥候騎兵，得知河西都護府的大使有如漢車騎將軍竇憲大破匈奴北單于之後登上燕然山，已經威震邊關。

現代人談論這首詩，常會提到曹雪芹的《紅樓夢》。小說中林黛玉教香菱讀詩，要她先讀王維的五言律詩，再讀杜甫的七言律詩、李白的七言絕句。幾天後，黛玉問香菱讀王維的詩有什麼心得？香菱笑道：「據我看來，詩的好處，有口裡說不出來的意思，想去卻是逼真的。有似乎無理的，想去竟是有理有情的。」然後她舉例：「『**大漠孤煙直，長河落日圓。**』想來『煙』如何『直』？『日』自然是『圓』的。這『直』字似無理，『圓』字似太俗。合上書一想，倒像是見了這景的。要說再找兩個字換這兩個，竟再找不出兩個字來。」

這段話說出來王維詩的一項優點：用字遣詞不須雕琢，只要貼切就行。不過這首詩還有一項香菱沒有發現的特色：前六句平鋪直敘都是眼中所見的塞外風光，最後兩句卻不僅回到人事，而且還吹捧了邊塞的將軍。這就是王維在人情世故上的圓融了。他的另一首名詩〈出塞作〉的寫法類似，前二聯將塞外風光寫得開闊壯觀，後二聯則是把將軍捧上天了。而且因為是七言律詩，用了更大量的精美的字面、漢朝的典故，顯出王維的誠心誠意。

出塞作　王維

居延城外獵天驕，白草連山野火燒。暮雲空磧時驅馬，秋日平原好射雕。
護羌校尉朝乘障，破虜將軍夜渡遼。玉靶角弓珠勒馬，漢家將賜霍嫖姚。

王維在朝中為官，一切小心翼翼，便平安無事過了幾年。四十歲時遷殿中御史，派往南方選任地方官，是為「知南選」。經過襄陽時得知孟浩然已經離世，寫下〈哭孟浩然〉，過郢州，又於刺史亭畫孟浩然像。襄陽臨漢水，應該是此時期寫下另一首名作：

漢江臨汎　王維

楚塞三湘接，荊門九派通。江流天地外，山色有無中。
郡邑浮前浦，波瀾動遠空。襄陽好風日，留醉與山翁。

詩題一作〈漢江臨眺〉，「汎」通「泛」。王維在漢水泛舟時，望著古楚國邊界，有灕水、蒸水、瀟水三條河流與湘水會合；遠眺荊門一帶，又可見九條支流匯入長江。漢水彷彿流向天地之外，兩岸山色若有似無。郡邑的城郭倒映在前方江面，彷彿隨著小舟在水面浮動；波濤洶湧，似乎也拍打著倒映的天空。襄陽的風光真是好啊，真希望能與曾鎮守襄陽的晉朝山簡共飲一醉。

三、四句歷來備受讚賞。宋朝歐陽脩也非常欣賞這首詩，他送別劉原甫出守揚州時，便寫了一首〈朝中措〉，想起自己曾在揚州山上建「平山堂」，便原封不動借用了王維的詩，向劉原甫稱讚揚州風光優美：**「平山欄檻倚晴空，山色有無中。」**不過歐陽脩這首詞有個問題，如果是「晴空」，是不是應該一目千里，怎麼還會**「山色有無中」**？就像宋人葉夢得《避暑錄話》所說，在平山堂上連別的州里都隱然可見：**「平山堂，壯麗為淮南第一，堂據蜀岡，下臨江南數百里，真、潤、金陵三州，隱隱若可見。」**所以有人認為[60]歐陽脩應該是近視，才會晴空萬里時還看不清楚。

後來歐陽脩的門生蘇軾在黃州快哉亭寫詞〈水調歌頭〉贈張偓佺說：**「長記平山堂上，欹枕江南煙雨，杳杳沒孤鴻。認得醉翁語：『山色有無中。』」**歐陽脩號「醉翁」，蘇軾笑歐陽脩「晴空」時還說「山色有無中」，這種情景一定是在「江南煙雨」時才看得到啊！

回到王維，不管是「晴空」還是「江南煙雨」，其實都不太重要，**「江流天地外，山色有無中」**這種若有似無的境界，本來就是王維的擅場，而這兩句眼界開闊，則又是盛唐詩人的氣象。

行到水窮處，坐看雲起時

王維這次出差，不到一年就回長安。可能是此次途中拜訪了一位他推崇為「不定不亂、色空無礙」的上人，並寫詩〈謁璿上人〉：**「少年不足言，識道年已長。事往安可悔，餘生幸能養。」**他說自己年輕時不懂事，開始鑽研佛學這個「道」時年紀已長，過去已是不可追悔，幸好未來還能夠虔心事佛，**「夙承大導師，焚香此瞻仰」**，「大導師」即是菩薩[61]，看來王維的確是一心向佛。回到京城後，他只要得閒，便徜徉於長安城南的終南山，後來更在附近購置別墅，《新唐書．文藝中》載：**「（王維）別墅在輞川，地奇勝，有華子岡、欹湖、竹里館、柳浪、茱萸沜、辛夷塢，與裴迪遊其中，賦詩相酬為樂。」**他在此寫下這首名作：

終南別業　王維

中歲頗好道，晚家南山陲。興來每獨往，勝事空自知。

行到水窮處，坐看雲起時。偶然值林叟，談笑無還期。

「別業」即是「別墅」，這首詩名[62]又作「初至山中」或「入山寄城中故人」，應是他剛購置別墅時所寫。大意是中年以後愈加喜好佛法，到了晚年則住在終南山的邊陲。只要一有遊興便獨自出發，可惜山中的名勝美景只有我自己欣賞。一路走到溪水的源頭了，便坐下來看著山中白雲升起。偶然遇到了林間老人，與他談笑聊天，差點忘了回家。

獨行很好，遇到可以聊天的人也好；水窮處好，雲起時也好，一切都不勉強，一切都是最美的景色。蘇軾認為[63]最好的文章應該**「如行雲流水，初無定質，但常行於所當行，常止於不可不止」**，這句話倒像是王維這首詩的註腳。

王維**「識道年已長」**、**「中歲頗好道」**可不是隨口說說，他是真的喜歡佛法並與僧人往來。例如他的〈過香積寺〉**「薄暮空潭曲，安禪制毒龍」**，〈投道一師蘭若宿〉**「鳥來還語法，客去更安禪」**，大意都是說安坐參禪，才能制伏心中的毒龍，與天地自然合為一體。從〈終南別業〉也可以看出王維寫詩時，常在前面寫自己所見所感，結尾時則拉一個人來作伴。不過像〈使至塞上〉的**「蕭關逢候騎，都護在燕然」**多少有點官場應酬之意，而這裡的**「偶然值林叟，談笑無還期」**才更真心誠意。另一首詩

〈終南山〉的結構類似，最後遇到樵夫也是一樣開心：

終南山　王維

太乙近天都，連山接海隅。白雲迴望合，青靄入看無。
分野中峰變，陰晴眾壑殊。欲投人處宿，隔水問樵夫。

玄宗天寶元年（七四二年），李白奉詔入宮擔任翰林供奉，接到詔書時洋洋得意：**「仰天大笑出門去，我輩豈是蓬蒿人。**[64]**」**這年王維轉任左補闕，兩人都約四十二歲，此時一定曾同時待在宮中，不過相比李白仍汲汲於官場，王維卻已無心於仕途，漸漸過著半官半隱的生活。

這麼一說也要佩服王維，他可以陪皇帝出遊寫應制詩[65]如**「萬乘親齋祭，千官喜豫遊」**、**「從今億萬歲，天寶紀春秋」**，轉頭可以在終南山裡飄然塵外，還可以安慰棄官回鄉的綦毋潛，說自己也很想歸隱務農：**「余亦從此去，歸耕為老農。**[66]**」**然後再與好友王昌齡、裴迪及弟弟王縉同遊長安青龍寺，追求塵世中的蓮花不染心：**「坐**

看南陌騎，下聽秦城雞。」「眼界今無染，心空安可迷。[67]」如此不抱怨也不得罪人、不強求也不放棄，真是玲瓏剔透，佛法無邊。其實在《新唐書》主編歐陽脩看來，王維在當時最受人看重的文學成就，即是這類「**侍從酬奉**」[68]的作品。

看玄宗可以這麼放任王維做自己，也可以約略看出玄宗已經漸漸無心朝政。此後，不僅後來世人皆知的奸相李林甫當權，安祿山任范陽節度使，玄宗更是將原為壽王妃的楊太真納入後宮，封為貴妃。

這幾年王維在朝中一路升官，歷任左補闕、侍御史、庫部員外郎、庫部郎中等職，其中一度出使榆林郡、新秦郡。這段時間當然也陪玄宗出遊留下不少應制詩，如〈奉和聖制御春明樓臨右相園亭賦樂賢詩應制〉、〈奉和聖制登降聖觀與宰臣等同望應制〉等。

不過政治環境仍然持續敗壞，安祿山兼任御史大夫，後得以出入皇宮；楊貴妃姊妹三人皆封國夫人。李林甫一手遮天，玄宗欲廣求天下人才，曾命「**通一藝以上皆詣京師**」，但是李林甫很怕士人在金殿對策（回答皇上提問）時向玄宗告狀他的奸行，所以要各級考官嚴加審核，最後竟無一人及第。李林甫上表祝賀：「**野無遺賢。**[69]」

意思是全天下最好的人才都已經為國家所用了。

相比於杜甫此時入長安求取功名，但四處碰壁，困居長安十年。憑什麼王維這麼順風順水呢？再往回看，王維二十幾歲辭官回長安時，也是無官職在身，卻能在京城安居多年，甚至與官員多有來往。或許是玉真公主與諸王孫仍一如往常賞識他，所以他才能衣食無缺吧。這時王維雖然已四十多歲，但從〈奉和聖制幸玉真公主山莊因題石壁十韻之作應制〉這首詩看來，能陪玄宗去玉真公主的山莊，也可見玄宗相當信任他。

另外，同樣在朝為官，王維與李林甫也多少有來往，例如他曾寫〈和僕射晉公扈從溫湯〉：**「長吟吉甫頌，朝夕仰清風。」**將李林甫比擬為輔佐周宣王的尹吉甫。此時天下大抵太平無事，安祿山還未起兵造反，所以這個比喻還不算過分。不過說他**「謀猶歸哲匠，詞賦屬文宗」**，稱譽李林甫為「哲匠」、「文宗」，就有點誇張了。我們倒不用對這首詩做過多揣測和聯想，當時文人寫詩酬唱的風氣盛行，眾多官員都和李林甫有來往，檯面上寫一首體面的詩，還滿合情合理的。而且李林甫是大唐李氏的宗室，而王維只是一個隨時可以替換的官員，他不需要做選擇，靜觀其變就好。

隨意春芳歇，王孫自可留

就這樣在朝平安無事過了多年，王維五十歲時丁母憂，在藍田輞川別墅守喪三年。他事母至孝，這對他是個極大的打擊，傷心得「柴毀骨立[70]」，木柴枯毀不能復生，如骨之立了無生機。他後來將別墅捐為寺廟，自己死後也葬在寺西。幸好，此時王維不是孤身一人，他這幾年常與裴迪往來唱和，例如這首歷代詩集都會選入的名作：

輞川閒居贈裴秀才迪　王維

寒山轉蒼翠，秋水日潺湲。倚杖柴門外，臨風聽暮蟬。
渡頭餘落日，墟里上孤煙[71]。復值接輿醉，狂歌五柳前。

大意是已經是秋天了，山色不再是青翠，而是轉成顏色更深的蒼翠，從住處也日日都聽得到水流聲。我倚著拐杖站在柴門外吹晚風，聽著向晚的蟬鳴。渡頭的水面可以見到將要落下的夕陽，一縷炊煙從村裡人家升起。裴迪就如楚狂人接輿，而我就像寫出〈五柳先生傳〉的陶淵明，他已經喝醉了，正在我面前狂歌呢！

這首詩說「復值」（又遇到），可見他們兩人往來之頻繁。這首詩可以看到王維閒適的隱居生活，不過也留下一個疑問：又醉又狂歌的一定不是只有裴迪，而是兩人同歌共醉。他們心中有什麼不平事嗎？王維通常不會明說，總是深藏心事，下面這首〈酌酒與裴迪〉，才難得地藉由安慰裴迪透出一些端倪：

酌酒與裴迪　王維

酌酒與君君自寬，人情翻覆似波瀾[72]。白首相知猶按劍，朱門先達笑彈冠。草色全經細雨濕，花枝欲動春風寒。世事浮雲何足問，不如高臥且加餐[73]。

大意是幫你倒杯酒，請你好好安慰自己，這個世界上的人情義理，本來就如波瀾一樣反覆不定。你看，即使是相知到白首的朋友，來往時還要按劍提防；那些早已是高門顯貴的前輩，還會笑剛準備出仕的後輩。即使大自然也不是公平的，你看，綠草全都經過細雨的滋潤，枝上的花朵正準備綻放，卻不知能否挨過寒冷的春風。世事只如浮雲變幻、不值得關心，我們還是高臥在山林間，多吃點飯，好好保重身體吧！

王維在朝中多年，一定親身經歷過各種權勢傾軋、人事浮沉，但是他都默默地存活下來，從這首詩可以看出他已看透**「人情翻覆似波瀾」**。李白也寫過類似的感觸：**「人心若波瀾，世路有屈曲。**[74]**」**後來劉禹錫〈竹枝詞九首〉（其七）更進一步：**「瞿塘嘈嘈十二灘，人言道路古來難。長恨人心不如水，等閒平地起波瀾。」**雖然瞿塘峽的險灘難行，但更可恨的是人心，就算是隨便一塊平地，都有可能掀起波瀾。

因此可以知道，這段輞川隱居的生活是非常難能可貴的，從他與裴迪唱和的二十首《輞川集》中，可以看出他完全沉浸在自己與世隔絕而自得其樂的天地之中：

輞川集・辛夷塢　王維

木末芙蓉花，山中發紅萼。
澗戶寂無人，紛紛開且落。

生長在樹枝末端的辛夷花，美麗的姿態就如芙蓉一般，在山中長出了嬌豔的紅萼。在這山澗口寂無一人，花朵雖無人欣賞，仍然自開自落。

輞川集・鹿柴　　王維

空山不見人，但聞人語響。
返景入深林，復照青苔上。

在彷彿空無一人的山中，卻聽到人的話語聲，不知道是距離太遠還是山中的回音？太陽的餘暉（返景）照入深林，又照在青苔上。

在這只有自己知曉之處的傍晚，是如此生機盎然。除了「閒」字，王維也很愛用「空」字，或許是受了佛學的影響吧，前面提過的〈鳥鳴澗〉將兩個字都用上了，下面則是另一首「空」的代表作：

山居秋暝　　王維

空山新雨後，天氣晚來秋。明月松間照，清泉石上流。

竹喧歸浣女，蓮動下漁舟。隨意春芳歇，王孫自可留。

在空曠的山中剛下過一場雨，到了晚上就能感受到一點微涼的秋意了。明亮的月光灑入松林，清澈的泉水流過溪上的大石，淙淙作響。竹林外傳來一陣喧鬧聲，應該是到溪邊洗衣服的女孩結伴歸家了；蓮葉一陣晃動後，出現一艘漁舟。就算春天的芳草都已枯萎又何妨，山中自是王孫可以流連忘返的地方。

最後兩句的典故要解釋一下。西漢淮南王劉安有一群門客號曰「淮南小山」，他們時常飲酒賦詩，其中一首名詩是〈招隱士〉：「**王孫遊兮不歸，春草生兮萋萋……虎豹鬥兮熊羆咆，禽獸駭兮亡其曹。王孫兮歸來，山中兮不可以久留。**」大意是春草如此茂盛鮮美，王孫啊，不要隱居了，山中多猛獸，快回來吧，山中不是可以久留的地方。不知道過了幾百年到了唐朝，山中的猛獸是不是比較少了，總之，王維很喜歡那裡的山光水色，雖然他甘於孤獨，但與當地村民往來也自有樂趣。所以他反用了這個典故，認為山中當然可以久留。不過這首詩我讀到笑出來，在空山、明月、松間、清泉這麼充滿禪意的環境裡，他聽見浣女、看見蓮動，然後得出「**王孫自可留**」的結論，我們的詩佛似乎心動了。

勸君更盡一杯酒，西出陽關無故人

只不過世事不能盡如人意，守喪期滿，五十二歲的王維回到朝廷任職吏部郎中。此時朝政進一步惡化，玄宗竟然讓楊貴妃收安祿山為義子，又封他為東平郡王，讓安祿山的勢力進一步擴大。更糟的是後來李林甫過世，雖然他品行有可議之處，但至少他嫻熟朝政，因此還能制衡安祿山。又更糟的是李林甫卒後，玄宗以楊貴妃那位不學無術的堂兄楊國忠為宰相。義子畢竟敵不過親兄弟，楊國忠攬權之後，不斷跟玄宗說安祿山必然會謀反，這些話傳到了安祿山耳中，更加深了朝廷的紊亂。雖然玄宗曾有過勵精圖治的開元盛世，但大唐之所以衰落，還是只能怪罪玄宗，只是沒人敢說。當然以王維的個性，他也不會說。

三年後，王維轉任給（ㄐㄧˇ）事中，同年，安祿山果然於范陽起兵，其後更稱帝，建立大燕國。戰火波及京城之前，王維寫了二首著名的送別詩：

送元二使安西　王維

渭城朝雨浥輕塵，客舍青青柳色新。
勸君更盡一杯酒，西出陽關無故人。

王維在渭城送元二出使安西都護府，早上的雨水濕潤了道路上的塵土，這樣路上就不會塵土飛揚了，客舍旁的楊柳也因此更加青翠清新，這是一個適合出行的日子。不過啊，還是要勸你再喝一杯酒，因為出了陽關之後就見不到故交好友了。

這首詩又名〈渭城曲〉，王維一寫出來之後，大家爭相傳唱，名曲〈陽關三疊〉即是源於此詩。而且這首歌歷久不衰，幾十年後白居易勸人飲酒時也說：「**相逢且莫推辭醉，聽唱〈陽關〉第四聲。**」[75] 詩後註明第四聲即是「**勸君更盡一杯酒，西出陽關無故人**」。劉禹錫離別京城二十年之後重遇歌手何勘也說：「**舊人唯有何戡在，更與殷勤唱〈渭城〉。**」[76]

王維寫的另一首著名送別詩是這首：

江上贈李龜年　**王維**

紅豆生南國，春來發幾枝。
勸君多採擷，此物最相思[77]。

這首詩又名〈相思〉。李龜年是宮中最著名的歌手，據說[78]因為玄宗特別喜歡他，因此他的宅院甚至可以大過公侯之家。又據傳[79]玄宗與楊貴妃賞牡丹花時，命李白作詩〈清平調〉三首，即是由李龜年演唱。玄宗自己就是音樂行家，史載[80]，他擅打羯鼓，又熟音律，他曾選了三百子弟，在梨園教他們演奏，**「聲有誤者，帝必覺而正之」**，只要有人演奏錯了，他馬上就會發現糾正，這批人號為「皇帝梨園弟子」。王維也是擅彈琵琶的音樂行家，或許這也是他可以受玄宗寵信多年的原因之一。

王維與李龜年惺惺相惜，這時北方已經兵荒馬亂，李龜年或許是要前往江南避難，王維在這首詩說，紅豆生長於南方，春天時想必生長繁盛吧？希望你能多採幾枝紅豆，這是最能引起我們兩地相思之物啊！

後來李龜年流落江南，頗為潦倒，常在歌筵酒席間演唱這首詩，聽者無不黯然流淚。同樣落魄江南的杜甫曾經見過他一面，並寫了一首〈江南逢李龜年〉相贈：「**岐王宅裡尋常見，崔九堂前幾度聞。正是江南好風景，落花時節又逢君。**」

後來安史軍攻陷洛陽、長安，玄宗奔蜀，途中軍士譁變，玄宗不得已在馬嵬坡殺了楊貴妃及楊國忠，並留下太子李亨繼續討賊。沒多久李亨在靈武自行即位，即後來的唐肅宗，並尊玄宗為太上皇。

與此同時，亂軍大肆搜捕未能隨駕出逃的群臣、宮嬪，並脅迫群臣於新朝廷中任職。王維也被捕[81]，他雖然作了消極的抵抗，趁機吃下瀉藥後身體虛弱，再裝作啞巴，仍被送往洛陽拘禁於菩提寺。由於安祿山也喜好音樂，因此宮中的樂工絕不放過，抓捕了數百位梨園弟子。

其後，安祿山大宴群臣於凝碧池，音樂一起，梨園弟子眼淚就掉了下來，軍兵雖然拿出兵刃相加，要他們繼續演奏，但是其中一位樂工雷海清更是丟下樂器痛哭，然後就被帶出去殺了。

王維聽說這件事後非常難過，他應該很思念玄宗，也很懷念以前在山林隱居的生活吧。不過安祿山可不是突如其來的叛變，這早就有許多跡象可循了，而且相比於千家萬戶的百姓所受到的戰火蹂躪，他畢竟仍是安然無恙。好友裴迪找到機會就去菩提寺探望他，並跟他說了凝碧池邊那些樂工的事。同樣身為音樂人，王維一聽就哭了，當場念了這兩首心懷玄宗（**何日更朝天**）、嚮往隱居生活（**歸向桃花源**）的詩：

菩提寺禁裴迪來相看說逆賊等，凝碧池上作音樂供奉人等，舉聲便一時淚下，私成口號誦示裴迪　王維

萬戶傷心生野煙，百僚何日更朝天。
秋槐葉落空宮裡，凝碧池頭奏管弦。

菩提寺禁口號又示裴迪　王維

安得舍羅網，拂衣辭世喧。
悠然策藜杖，歸向桃花源。

王維當時名聲已顯，安祿山也很欣賞他的才華，後來王維不再抵抗，還是接受了在大燕國的朝廷中繼續擔任給事中。王維再次「以不變應萬變」，但這次卻成為他政治生涯的一個汙點。不過這不能過於苛責王維，每個人的性格養成都不是一朝一夕，我們也不能要求每個人都像雷海清一樣置個人死生於度外。

僅一年餘，郭子儀就收復長安和洛陽，王維及其他「陷賊」（曾在安祿山朝中任職）的官員均被押解至長安，等待論罪。

王維的弟弟王縉在戰亂時與李光弼同守太原，平亂有功，加封憲部侍郎（即刑部侍郎），他請求削減自己的官職以贖王維之罪。肅宗此時也聽說王維曾念給裴迪聽的詩**「萬戶傷心生野煙，百僚何日更朝天」**，知道他仍一片忠心耿耿，因此赦免了王維，幾個月後又授任太子中允。

肅宗對待王維真是好得沒話說了，不過王維還是上了〈謝除太子中允表〉辭官：**「臣聞食君之祿，死君之難，當逆蕃干紀，上皇出宮，臣進不得從行，退不能自殺，情雖可察，罪不容誅。」「伏謁明主，豈不自愧於心？仰廁群臣，亦復何施其面？」**大意是自己陷賊時沒有以死明志，就已是死罪難逃，怎麼有顏面在朝任官呢？他只想要**「出家修道，極其精勤……臣得奉佛報恩，自寬不死之痛」**。但是肅宗不打算讓他出家，所以沒理會這張辭呈，仍然要他留任太子中允，沒多久又升他為中書舍人。

此時另外兩大詩人各有際遇。李白因為加入了永王李璘的幕府，而永王卻不擁戴自行即位的肅宗，甚至密謀叛變。永王兵敗後，李白九死一生，最後被流放夜郎。杜甫在長安困居多年，安史之亂前終於謀得一個軍曹參軍的小官職，後來也被安史軍捕至長安，但他成功逃脫後，立即投奔肅宗，因此授予左拾遺一職。**「感時花濺淚，恨別鳥驚心[82]」**，在杜甫的詩中，可以看見這場長達八年的「安史之亂」，造成了多少家破人亡的慘劇。相較之下，王維幾乎是毫髮無傷的度過這場劫難，不知道是〈謝除太子中允表〉寫得太誠懇因此感動了肅宗，還是……佛法無邊。雖然王維跟皇上說他想出家奉佛，不過他在另一首寫給同僚的詩中，還是滿開心的：**「花迎喜氣皆知笑，鳥識歡心亦解歌。[83]」**杜甫尊崇的儒家講求悲天憫人，王維信奉的佛教則談離苦得樂，他們倆人同樣寫花、鳥，杜甫和王維卻是一悲一喜，這應該就是兩人本性的不同之處了。

此時杜甫寫了一首〈奉贈王中允〉給王維，其中說道：**「一病緣明主，三年獨此**

心。」即是說王維詐病之事，乃是因為心懷明主，不曾懷有二心。杜甫雖然意在推崇王維，不過王維似乎沒有回信，可能是他已經覺得免罪還回朝當官這事有點丟臉了，詩中雖然是讚美他的忠心，但老杜卻是哪壺不開提哪壺，偏偏要提起這件事。王維看破世情，卻對人情世故玲瓏剔透，因此朝中沒有政敵。杜甫深入民間，反而不懂應對進退，處處得罪人了。

除了這次王維已讀不回之外，朝中群臣倒是很常詩歌唱和。例如另一位中書舍人賈至寫了一首〈早朝大明宮呈兩省僚友〉：**「共沐恩波鳳池上，朝朝染翰侍君王。」**其他人紛紛唱和，岑參寫：**「獨有鳳凰池上客，陽春一曲和皆難。」**杜甫和：**「欲知世掌絲綸美，池上於今有鳳毛。」**王維唱：**「朝罷須裁五色詔，佩聲歸到鳳池頭。」**這類唱和詩大家不用多讀，大致上跟眾多應制詩一樣，都是高頌皇上聖明，吹捧同僚志向遠大。再次劇透，杜甫沒多久就因觸怒肅宗被貶到地方任官了。

晚年唯好靜，萬事不關心

王維後來又任給事中，短時間內就回復了安史亂前的職位。這時他約五十八歲，以當年來說算高齡了，應該為一些重要的事預作準備，因此上了〈請施莊為寺表〉：**「伏乞施此莊為一小寺，兼望抽諸寺名行僧七人，精勤禪育，齋戒住持，上報聖恩，下酬慈愛。」**希望將輞川別墅捐建為一座寺廟，上得以報聖恩，下得以報答母恩。此時王維除了一心向佛，詩已經寫得越來越少，如他自己說的：**「老來懶賦詩，唯有老相隨。**[84]**」**又過兩年，他再升任尚書右丞，這是他的最後一個職位，後世因此都稱他為「王右丞」。

年過六十，他也感嘆白髮叢生：

歎白髮　王維

宿昔朱顏成暮齒，須臾白髮變垂髫。
一生幾許傷心事，不向空門何處銷。

大意是曾經的青春朱顏，如今已來到暮年，很快地白髮老人又會投胎成兒童吧（垂髫ㄊㄧㄠˊ，指童子的頭髮）。回首一生，經歷了多少傷心的事情；不遁入佛海空門，又怎麼能勾銷這些憾恨呢？

王維平生作詩，很少直接坦露自己的憂愁苦悶，這一首也只是籠統地說**「幾許傷心事」**，到底是哪些事情讓他至老都仍掛懷，甚至認為只有遁入空門才能削減遺憾呢？也或許到了老年，回顧自己在每次的人生岔路口，已經很難明確指出是哪一件事情了吧。

然而他還有一件事情該做：向肅宗推薦弟弟王縉。他上〈責躬薦弟表〉，說自己當年**「沒於逆賊，不能殺身，負國偷生」**，雖然當時在賊地**「泣血自思，一日得見聖朝，即願出家修道」**，但是仍然蒙皇上仁恩，得以在朝為官。王縉目前為蜀州刺史，他在「忠、政、義、才、德」五項都勝過自己，希望能**「盡削臣官，放歸田里」**，以自己的官爵換取王縉回到朝廷效命。

另外，王維希望王縉早日回到京城還有一個理由：他知道自己**「朝暮入地」**，已經命不長久，自己無妻無子，而兄弟兩人都已年老，**「兩人又俱白首，一別恐隔黃泉」，希望最後一段時間能跟弟弟住在一起，這是他十幾歲到長安時就懷有的心願，**「獨在異鄉為異客，每逢佳節倍思親」**。

最終王維仍沒有等到王縉回長安，病危時他寫了幾封書信給弟弟和平生親故，交代他們要奉佛修心，然後就坐化了[85]。享年六十一歲。

王縉回到京城時，玄宗、肅宗先後駕崩，而王縉則步步高升，官至宰相。繼位的唐代宗李豫雅好文藝，有一天代宗問王縉：「你兄長王維在天寶年間詩名冠代，朕也曾在諸王宴會中聽聞他的詩歌，卿可將他的文集拿來給朕。」王縉回答：「臣兄在開元年間的詩有數千首，天寶亂事之後，只留下不到十分之一，親友努力蒐集仍只得四百多首。[86]」

王維一生沒有辜負他的名字，「摩詰居士」既出世又入世，中年以後尤其篤心向佛，我想他應該不會介意自己大部分的詩文都已失傳了，就像他自己說的：**「晚年唯好靜，萬事不關心。」**多少詩文的流傳，也只在若有似無之間。

同場加映

新晴野望　王維

新晴原野曠，極目無氛垢。郭門臨渡頭，村樹連溪口。
白水明田外，碧峰出山後。農月無閒人，傾家事南畝。

蘇軾評王維的詩畫留下名言曰：**「味摩詰之詩，詩中有畫，觀摩詰之畫，畫中有詩。**[87]**」**這首詩完全表現此特色，讓我們跟著他的畫筆看下去：首聯是空筆，沒有直接畫出景物，而是說明這幅畫的基調。剛下過一場雨，天空剛剛放晴所以說是「新晴」，可以看見整個空曠的原野，放眼望去毫無一點塵垢。頷聯由遠而近，城門鄰接著渡船頭，村邊的綠樹緊連著溪水口。頸聯由近而遠，陽光下白晃明亮的河水就在田野外，遠山之外，可以看見更遠處的碧綠山峰。末聯加入人物，在遠近來回觀看之下，最吸引人的是在這農家最忙的月份，全家出動都到南邊的田畝耕種了。

當然農月還是有他這個閒人站在旁邊觀望啦，不過這首詩真是寫得非常明亮清澈，想必是一個心無罣礙的人才能寫得出來的詩，忍不住都要念起六祖慧能的禪偈了：**「菩提本無樹，明鏡亦非臺。本來無一物，何處惹塵埃。」**杜甫說李白**「筆落驚風雨，詩成泣鬼神」**，聽起來很振奮人心吧，不過這只是一種文章風格，也只是一種人生選擇。像王維這樣平淡乾淨的寫作風格，出入之間無不自得其樂，或許我們年輕時不容易懂，但年紀漸長之後會發現，王維的詩更可以帶給我們長久不衰的支持力量。

觀獵　　王維

風勁角弓鳴，將軍獵渭城。草枯鷹眼疾，雪盡馬蹄輕。
忽過新豐市，還歸細柳營。迴看射雕處，千里暮雲平。

念佛，反而更能發現生活中的處處生機。

田園樂七首（其六）　王維

桃紅復含宿雨，柳綠更帶朝煙。
花落家童未掃，鶯啼山客猶眠。

南宋學者胡仔說：「每哦此句，令人坐想輞川春日之勝，此老傲睨閒適於其間也。」閒適的極致，就是欣賞一切萬物，因此能睥睨塵俗世人了。他在輞川別墅，看著桃紅好，綠柳好，花落未掃更好，鶯啼猶眠？一樣好！你是不是像王維一樣喜歡自己家呢？

註釋

51 王維生年目前仍有爭議，本文只記大約年歲，不詳考。

52《舊唐書》本傳：「齋中無所有，唯茶鐺、藥臼、經案、繩床而已。退朝之後，焚香獨坐，以禪誦為事。妻亡不再娶，三十年孤居一室。」

53《舊唐書》本傳：「維以詩名盛於開元、天寶間，昆仲宦游兩都，凡諸王、駙馬、豪右貴勢之門，無不拂席迎之，寧王、薛王待之如師友。」

54 見《太平廣記》引唐薛用弱《集異記》。以下王維與公主的故事出處同。

55 清人王士禛《池北偶談》：「唐宋以來，作〈桃源行〉最傳者，王摩詰（維）、韓退之（愈）、王介甫（安石）三篇。觀退之、介甫二詩，筆力意思甚可喜。及讀摩詰詩，多少自在；二公便如努力挽強，不免面赤耳熱。此盛唐所以高不可及。」清人翁方綱也極力推崇這首詩：「古今詠桃源事者，至右丞而造極。」

56 第二句「南山種田時不登」典出漢代楊惲〈報孫會宗書〉：「田彼南山，蕪穢不治。種一頃豆，落而為萁。」第三句「百人會」典出《世說新語．寵禮》，反用伏滔參加晉孝武帝百人聚會受到特別禮遇的故事：「孝武在西堂會，伏滔預坐。還，下車呼其兒，語之曰：『百人高會，臨坐未得他語，先問「伏滔何在？在此不？」此故未易得。為人作父如此，何如？』」第四句「五侯」典出漢成帝將其舅王譚等五人同日封侯，後借指王侯豪門。

57 杜甫〈贈李白〉。

58 杜甫〈飲中八仙歌〉。

59 宋．司馬光《資治通鑑》（玄宗天寶元年）：「尤忌文學之士，或陽與之善，啗以甘言，而陰陷之。世謂李林甫『口有蜜，腹有劍。』」五代．王仁裕《開元天寶遺事》「肉腰刀」：「李林甫妒賢嫉能，不協群議，每奏御之際，多所陷人，眾謂林甫為『肉腰刀』。」又云林甫嘗以甘言誘人之過，譖於上前，時人皆言林甫甘言如蜜。朝中相謂曰：『李公雖面有笑容，而肚中鑄劍也。』人日憎怨，異口同音。」

60 見南宋．胡仔《苕溪漁隱叢話》引宋．嚴有翼《藝苑雌黃》：「〈送劉貢父守維揚作長短句〉云：『平山欄檻倚晴空，山色有無中。』平山堂望江左諸山甚近，或以謂永叔短視，故云『山色有無中。』東坡笑之，因賦快哉亭道其事云：『長記平山堂上，攲枕江南，煙雨杳杳沒孤鴻，認取醉翁語，山色有無中。』蓋山色有無中，非煙雨不能然也。」

61「導師」為佛經用語。《妙法蓮華經》：「是菩薩眾中有四導師，一名上行，二名無邊行，三名淨行，四名安立行。」《華嚴經》：「若諸菩薩愛樂尊重，修習不懈，則得成就如是之人，則名為佛，則名如來，亦則名為得十力人，亦名導師，亦名大導師。」

62 四庫全書本《王右丞集箋注》作〈終南別業〉，《國秀集》作〈初至山中〉，《河嶽英靈集》、《文苑英華》、《唐文粹》俱作〈入山寄城中故人〉。

63 宋．蘇軾〈與謝民師推官書〉。

64 李白〈南陵別兒童入京〉。

65 王維〈三月三日曲江侍宴應制〉。

66 王維〈送綦毋校書棄官還江東〉。

67 王維〈青龍寺曇壁上人兄院集〉。

68《新唐書．文藝上》：「（唐人）若侍從酬奉則李嶠、宋之問、沈佺期、王維。」

69 宋．司馬光《資治通鑑》（玄宗天寶六年）：「上欲廣求天下之士，命通一藝以上皆詣京師。李林甫恐草野之士對策斥言其姦惡，建言：『舉人多卑賤愚聵，恐有俚言污濁聖聽。』乃令郡縣長官精加試練，灼然超絕者，具名送省，委尚書覆試，御史中丞監之，取名實相副者聞奏。既而至者皆試以詩、賦、論，遂無一人及第者，林甫乃上表賀『野無遺賢』。」

70《舊唐書》本傳載：「居母喪，柴毀骨立，殆不勝喪。」《新唐書》本傳載：「母亡，表輞川第為寺，終葬其西。」

71 此句典出晉．陶淵明〈歸園田居〉詩五首之一：「曖曖遠人村，依依墟里煙。」

72 此句典出晉．陸機〈君子行〉：「天道夷且簡，人道險而難。休咎相乘躡，翻覆若波瀾。」

73〈古詩十九首〉其一云：「浮雲蔽白日，遊子不顧返。思君令人老，歲月忽已晚，棄捐勿復道，努力加餐飯。」或許王維此時也有浮雲蔽日、歲月已晚、棄捐的心情。

74李白〈古風〉其二十三。

75唐・白居易〈對酒五首〉其四：

百歲無多時壯健，一春能幾日晴明。
相逢且莫推辭醉，聽唱〈陽關〉第四聲。

76唐・劉禹錫〈與歌者何戡〉：

二十餘年別帝京，重聞天樂不勝情。
舊人唯有何戡在，更與殷勤唱〈渭城〉。

77本詩一作：

紅豆生南國，秋來發故枝（秋來發幾枝）。
願君多採擷（贈君多採擷），此物最相思。

78唐・鄭處誨《明皇雜錄》：「唐開元中，樂工李龜年、彭年、鶴年兄弟三人，皆有才學盛名。彭年善舞，鶴年、龜年能歌，尤妙制〈渭川〉，特承顧遇。於東都大起第宅，僭侈之制，逾於公侯。宅在東都通遠裡，中堂制度甲於都下。其後龜年流落江南，每遇良辰勝賞，為人歌數闋，座中聞之，莫不掩泣罷酒。即杜甫嘗贈詩所謂：『岐王宅裡尋常見，崔九堂前幾度聞。正值江南好風景，落花時節又逢君。』崔九堂，殿中監滌，中書令湜之弟也。」

79見唐・李濬（一題韋濬）《松窗雜錄》。

80見《新唐書・禮樂志》。

81以下事見《新唐書》、《舊唐書》本傳，及唐・鄭處誨《明皇雜錄》。

82杜甫〈春望〉。

83王維〈既蒙宥罪，旋復拜官伏感聖恩，竊書鄙意兼奉簡新除使君等諸公〉：

忽蒙漢詔還冠冕，始覺殷王解網羅。
日比皇明猶自暗，天齊聖壽未云多。
花迎喜氣皆知笑，鳥識歡心亦解歌。
聞道百城新佩印，還來雙闕共鳴珂。

84王維〈偶然作六首〉其六。

85《新唐書》本傳：「疾甚，縉在鳳翔，作書與別，又遺親故書數幅，停筆而化。」《舊唐書》本傳：「臨終之際，以縉在鳳翔，忽索筆作別縉書，又與平生親故作別書數幅，多敦厲朋友奉佛修心之旨，舍筆而絕。」

86《舊唐書》王維傳：「代宗時，縉為宰相。代宗好文，常謂縉曰：『卿之伯氏，天寶中詩名冠代，朕嘗於諸王座聞其樂章。今有多少文集，卿可進來。』縉曰：『臣兄開元中詩百千餘篇，天寶事後，十不存一。比於中外親故間相與編綴，都得四百餘篇。』翌日上之，帝優詔褒賞。」

87 見南宋．胡仔《苕溪漁隱叢話》引東坡云。

88「凡鳥」典出《世說新語．簡傲》：「嵇康與呂安善，每一相思，千里命駕。安後來，值康不在，（嵇）喜出戶延之，不入。題門上作『鳳』字而去。喜不覺，猶以為欣，故作『鳳』字，『凡鳥』也。」呂安嘲笑嵇喜是「凡鳥」。這裡王維說不敢題「凡鳥」，乃是反用典故，表示對呂逸人的尊重。「看竹」典出《世說新語．簡傲》，王徽之非常喜歡賞竹，某日聽說一士大夫家中極有好竹，便自行前往觀賞，並且「諷嘯良久」。王的意思是即使沒有遇見主人，但僅是賞竹就已心滿意足。

仕

王昌齡——一片冰心在玉壺的求仕之路

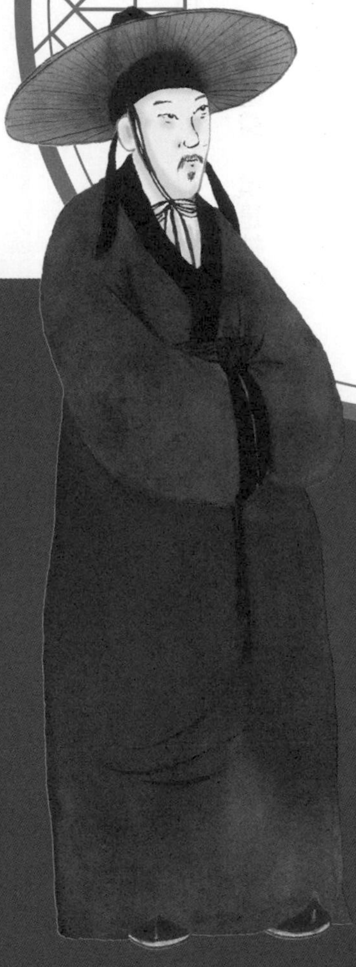

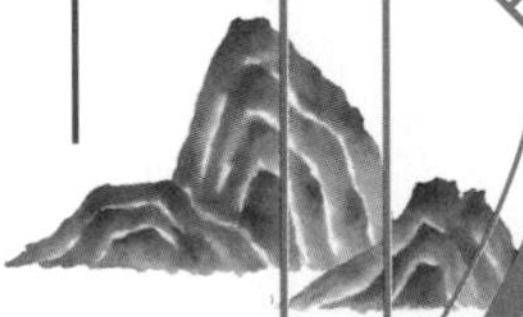

本事

除了杜甫之外，唐朝詩人中只有王昌齡、王維能跟天才橫溢的李白比肩，後代文人尤其推崇王昌齡的七言絕句，例如明人王世貞說：「**七言絕句，王江寧**（王昌齡）**與太白**（李白）**爭勝毫釐，俱是神品。**[89]」清人沈德潛說：「**五言絕右丞**（王維）、**供奉**（李白）；**七言絕龍標**（王昌齡）、**供奉**（李白）。**妙絕古今，別有天地。**[90]」

王昌齡的七言絕句有什麼特色，竟然可以跟李白並駕齊驅呢？我們先看他最有名的一首詩，從中也可以大略看出他的個性：

出塞二首（其一） 王昌齡

秦時明月漢時關，萬里長征人未還。
但使龍城飛將在，不教胡馬度陰山。

詩中的秦、漢「互文」，也就是互相指涉，可以說秦朝時的明月仍照著漢朝的長城關口，也可以說漢朝時的月亮仍照著秦朝以來的城關。「龍城飛將」指漢朝的李廣，他經常駐兵於盧龍城，據說[91]他任右北平太守時，當時的主要外敵匈奴都不敢來惹他，並稱他為「飛將軍」。總言之，秦漢千百年來的明月都照著城關，而千百年來有多少士兵踏上萬里長征的道路，但他們出關之後就一去不還。如果飛將軍李廣仍在世，一定能戰勝敵人，不讓外族的戰馬越過陰山。

史書[92]上說王昌齡的詩**「緒密而思清」**，思緒很縝密，環環相扣，思路又很清晰，不會前後矛盾。這首〈出塞〉就完全表現出這項特色，四句詩的起承轉合非常明確，大家學寫作文可以多讀王昌齡的詩。這首詩後人[93]甚至認為是唐詩絕句的「壓卷」之作，也就是最好的一首詩。

但這首詩卻有一個可大可小的問題，明人王世貞認為這首詩可以在**「有意無意、可解不可解」**之間閱讀。他這樣說有點太玄，我的解讀是古人作詩有「託諷」的傳統，也就是表面上看來寫某件事，但寫作動機可能是藉由那件事來談另一件事。但是麻煩就在這裡，到底詩人寫這首詩是不是另有深意？他是否指桑罵槐？有些時候「託諷」的用意很清楚，但有些時候卻是讀者的過度解讀。若正面解讀王昌齡這首詩，可以說他雖然哀悼千百年來戰死沙場的無數士兵，但又慶幸總是有像李廣一樣的將軍能保疆衛國。但是採另一種解讀，則變成正因為現在沒有像李廣一樣的將軍，所以士兵仍然一去不還。我們無法確認王昌齡的用意，所以只好當成兩種可能都有，所以說在「有意無意、可解不可解」之間。清人沈德潛就說了，王昌齡的絕句**「意旨微茫，令人測之無端，玩之無盡」**，讀者一時看不出來他為什麼寫這首詩，也根本無從猜測，但也因此才更喜歡他的詩，因為可以讓我們賞玩不盡，比那些一看就懂的詩好太多了。

不過呢，雖然他的詩這麼棒，但也可能為他帶來麻煩。遇到欣賞他的長官，就可以從正面解讀他的一切言行；遇到討厭他的長官，則一切言行都可以成為罪行，而這就是他一生的悲劇根源。

從來幽并客，皆共塵沙老

王昌齡，字少伯，生年不可考，應是在武周年間（約六九八年），祖上太原人，後居長安。早年讀書學道，二十五、六歲時跟許多當時文人一樣，開始外出漫遊；但也跟當時文人不一樣，他不是前往江南魚米之鄉，而是漫遊西北邊塞。他曾自比[94]為春秋晉惠公夷吾、戰國樂毅、西漢張良、三國孔明，看來豪情萬里。從下面這組詩，也可以看出他建功立業之心：

青樓曲二首　王昌齡

白馬金鞍從武皇，旌旗十萬宿長楊。樓頭小婦鳴箏坐，遙見飛塵入建章。

馳道楊花滿御溝，紅妝縵綰上青樓。金章紫綬千餘騎，夫婿朝回初拜侯。

大意是十萬大軍士氣昂揚地回到京城，一個小婦人沒有出去湊熱鬧，仍然靜靜地端坐在小樓中彈箏，遠遠望著馬蹄揚起的塵埃進了宮城。春天的楊花在宮城的御溝旁漫天飛舞，她畫上紅妝登上自己青色的小樓。樓下有千餘騎甫獲功名的士兵緩緩而過，其中就有自己初拜侯的夫婿。

王昌齡離家漫遊，應該也是期許自己有朝一日能如此風光拜侯吧。

開元十一年（七二三年），玄宗移駕[95]河東并州（今山西太原）、潞州（治所在上黨縣，今山西長治）。此時王昌齡也在河東並前往獻詩〈駕幸河東〉：**「晉水千廬合，汾橋萬國從。開唐天業盛，入沛聖恩濃。下輦迴三象，題碑任六龍。睿明懸日月，千歲此時逢。」**不過此時他無功名在身，又是初出茅廬的二十五、六歲年輕人，當然沒機會一躍龍門。

然後王昌齡就繼續前往邊塞增廣見聞，這幾年的歷練，讓他成為盛唐時著名的代表性邊塞詩人。我們可以從他的詩作中，追蹤他的足跡到了蕭關（〈塞下曲四首〉其一：**「蟬鳴空桑林，八月蕭關道」**）、臨洮（〈塞下曲四首〉之二：**「平沙日未沒，黯黯見臨洮」**）、玉門關（〈從軍行七首〉其四：**「青海長雲暗雪山，孤城遙望玉門關」**）。

這幾年的邊塞行，雖然曾激起了王昌齡封侯拜將的豪情壯志，**「單于下陰山，砂礫空颯颯。封侯取一戰，豈復念閨閤[96]」**，也知道保家衛國從來只在沙場，**「從來幽并客，皆共塵沙老。莫學遊俠兒，矜誇紫騮好[97]」**。但他也同時見識了戰場血淋淋的一面，士卒埋屍荒野，「**昔日龍城戰，咸言意氣高。黃塵足今古，白骨亂蓬蒿**[98]」，將軍寥落消沉，「**邊頭何慘慘，已葬霍將軍。……功勳多被黜，兵馬亦尋分**[99]」。

此時王昌齡遇見一位士兵，以他的口吻寫出從軍辛酸：「**雖投定遠筆，未坐將軍樹。早知行路難，悔不理章句。**[100]」東漢班超投筆從戎[101]，後封「定遠侯」，一直是有志功名的文人之表率。這位士兵十年已歷百戰、征伐平沙萬里，雖然也學班超投筆從軍，但卻後悔為何當年不認真讀書，或許更可能考取功名呢？

王昌齡後來另有一首名作，從閨中少婦的角度闡釋後悔千里覓封侯的心情，情調與前引〈青樓曲二首〉已經截然不同：

閨怨　　**王昌齡**

閨中少婦不曾愁，春日凝妝上翠樓。
忽見陌頭楊柳色，悔教夫婿覓封侯。

幾年邊塞行之後，王昌齡回長安隱居讀書。前述文人楷模班超是京城附近的扶風人，王昌齡閒暇時也曾至扶風遊玩，旅社主人是一退役老兵，王昌齡便將這位主人的一生經歷寫成這首長詩：

代扶風主人答　　王昌齡

殺氣凝不流，風悲日彩寒。浮埃起四遠，遊子彌不歡。
依然宿扶風，沽酒聊自寬。寸心亦未理，長鋏誰能彈。
主人就我飲，對我還慨歎。便泣數行淚，因歌行路難。
十五役邊地，三回討樓蘭。連年不解甲，積日無所餐。
將軍降匈奴，國使沒桑乾。去時三十萬，獨自還長安。
不信沙場苦，君看刀箭瘢。鄉親悉零落，冢墓亦摧殘。
仰攀青松枝，慟絕傷心肝。禽獸悲不去，路傍誰忍看。
幸逢休明代，寰宇靜波瀾。老馬思伏櫪，長鳴力已殫。
少年與運會，何事發悲端。天子初封禪，賢良刷羽翰。
三邊悉如此，否泰亦須觀。

戰國齊人馮諼為孟嘗君食客，曾經三次彈鋏（ㄐㄧㄚˊ，劍柄）高歌，感嘆自己懷才不遇102。這首詩大意也是王昌齡飲酒自傷自憐時，聽旅社主人說他十五歲從軍，三次征討樓蘭。連年征戰，一起上戰場的三十萬人，只有他一人傷痕累累的回到長安。此時已鄉親零落，讓他痛絕心肝。幸好現在邊塞無戰事，玄宗剛封禪泰山103。主人勸告王昌齡：值此皇上聖明，且朝廷中大臣都是賢良之士，不應該再自怨自艾。

玉顏不及寒鴉色，猶帶昭陽日影來

王昌齡聽了這席話應該是茅塞頓開，從此專心讀書，準備科舉考試。他也真是天生讀書的料子，只不過苦讀兩年，他就在三十歲左右進士及第，授秘書省校書郎。

雖然是新官上任，但這個職位是相對清閒的，因此他有許多時間可以結交朋友。除了認識此時正在京城隱居待官的王維之外，他也結識了初次入京赴進士考的孟浩然。後來孟浩然鎩羽而歸，出潼關時寫了一首詩寄送王昌齡：

初出關旅亭夜坐懷王大校書　孟浩然

向夕槐煙起，蔥蘢池館曛。客中無偶坐，關外惜離羣。
燭至螢光滅，荷枯雨滴聞。永懷芸閣友，寂寞滯揚雲。

大意是孟浩然在晚上對著煙霧繚繞的槐樹林和水池，感傷自己要與朋友分離。點起蠟燭，螢火蟲的微光因此黯淡，雨水滴在枯荷上，一聲一聲擾亂人心。懷念芸閣（秘書省藏書處）的好友，而自己便如寂寞自守的揚雄（字子雲）。最後一句的心境大約便是西晉左思〈詠史〉的**「寂寂楊子宅，門無卿相輿」**，或是初唐盧照鄰〈長安古意〉的**「寂寂寥寥揚子居，年年歲歲一床書」**。**「荷枯雨滴聞」**則被晚唐李商隱抄走，寫成了〈宿駱氏亭寄懷崔雍、崔袞〉的名句**「留得枯荷聽雨聲」**。

不過王昌齡此時仍是新科進士，還不懂得揚雄一直無法升遷的心情。玄宗在身為皇子時所居的興慶宮旁建了「花萼相輝之樓」及「勤政務本之樓」[104]，時常與其兄弟諸王在此作樂賦詩。此時正當開元盛世，玄宗還懂得「勤政務本」，此二樓也成為天下太平無事的象徵。

開元十七年（七二九年），左丞相源乾曜、右丞相張說上表請以八月五日玄宗生日為「千秋節[105]」，玄宗批准後，在花萼酺宴（ㄆㄨˊ，皇帝賜宴）群臣。王昌齡此時雖然是從九品的小官，倒是也有機會參加宴會，並留下一首應制詩：

夏月花萼樓酺宴應制　王昌齡

土德三元正，堯心萬國同。汾陰備冬禮，長樂應和風。
賜慶垂天澤，流歡舊渚宮。樓臺生海上，簫鼓出天中。
霧曉筵初接，宵長曲未終。雨隨青幕合，月照舞羅空。
玉陛分朝列，文章發聖聰。愚臣忝書賦，歌詠頌絲桐。

在京城的日子雖然風平浪靜，但他遲遲等不到新的任命，心中多少有點忐忑，到底何時能受重用呢？王昌齡除了邊塞詩之外，也寫了多首宮怨詩，描述宮中嬪妃的冷清生活。通常我不會推薦大家閱讀太多宮怨、閨怨詩，不過王昌齡的宮怨詩真是寫得太好，完全不在李白之下[106]。這些宮怨詩難以確指具體寫作年代，但或許有些詩寫於此時，從大漠戰場歸來，豪爽的王昌齡滿擬能大展鴻圖，這些宮怨詩中是否有他受到皇上冷落的心情呢？

長信秋詞五首（其三）　王昌齡

奉帚平明金殿開，且將團扇共徘徊。
玉顏不及寒鴉色，猶帶昭陽日影來。

長信宮位於長安城內，漢成帝因寵愛趙飛燕姊妹而冷落班婕妤，班婕妤則因擔心受到趙氏姐妹迫害而自願至長信宮奉養皇太后107。相傳班婕妤著有〈怨歌行〉，以秋扇見棄，比喻自己與君王的恩情不再：「**裁為合歡扇，團團似明月。……常恐秋節至，涼飆奪炎熱。棄捐篋笥中，恩情中道絕。**」王昌齡這首詩便是形容班婕妤於清晨拿著掃帚在金殿打掃，閒來無事也只能拿起團扇把玩。一抬頭見到一隻烏鴉飛過，想不到自己的花容玉顏，竟然比不上烏黑寒鴉的色澤，因為皇上肯定是在趙飛燕所居的昭陽殿，而這隻烏鴉正是從昭陽殿飛來的，至少牠還有機會親近皇上……

這首詩的情思寫得委婉纏綿，寫法亦是環環相扣，「平明」扣「日影」，「金殿」扣「昭陽」，「團扇」扣「玉顏」、「寒鴉」，「徘徊」扣「來」，全詩寒暖色調相間，雖僅四句卻是跌宕起伏。

不過詩寫得再如何美，對王昌齡的仕途也沒幫助。在校書郎這個職位埋沒七年之後，開元二十二年（七三四年），他再應考「博學宏詞科」，考試結果王昌齡**「超絕群類**[108]**」**，果然是盛唐學霸，如果孟浩然和杜甫像他這麼會考試，人生或許會不一樣吧。王昌齡的人生也從此急轉彎，他終於獲派新職位，但卻是改任汜水縣尉（約今河南滎陽市汜水鎮）。

雖然擔任縣尉是許多唐代進士從中央派任地方的第一個職務，但這絕對不是一個好消息。因為縣尉是最吃力不討好的工作，除了每天奉承縣令之外，還要追捕盜賊、催繳稅收。約與王昌齡同時代的著名邊塞詩人高適也曾任封丘縣尉，他寫下〈封丘作〉描述縣尉生活之不堪：**「拜迎官長心欲碎，鞭撻黎庶令人悲。歸來向家問妻子，舉家盡笑今如此。」**向上拜迎、向外鞭撻，回家亦得不到安慰。妻子只笑說這個工作本來就是如此。

不過豪爽的王昌齡在此的生活似乎還可以，此處離東都洛陽不遠，他也有機會交到不少朋友，著名的「旗亭畫壁」故事可能即在此時。據唐人薛用弱《集異記》載，王昌齡、高適、王之渙在詩壇齊名，這一日三人到旗亭（酒肆）飲酒，忽然來了十幾位梨園女伶登樓參加宴會。王昌齡一時興起說：「我們三人總是分不出高下，這樣吧，我們就看這些伶人唱最多誰的詩，誰就是第一名。」第一位女伶唱的就是王昌齡的〈芙蓉樓送辛漸二首〉：**「寒雨連江夜入吳，平明送客楚山孤。……」**他就在牆壁上畫了一。第二位女伶唱了高適的〈哭單父梁九少府〉：**「開篋淚沾臆，見君前日書。……」**高適很高興地在牆上也畫了一。第三位女伶又唱了王昌齡的〈長信秋詞五首〉：**「奉帚平明金殿開，且將團扇共徘徊。……」**他可就得意了：「二首絕句囉！」

王之渙除了詩寫得好，吵架也是很厲害的：「這些人都是過氣歌手，只會唱一些下里巴人的歌，哪懂陽春白雪般高雅的詩？」他指著其中氣質最好的一位女伶又說：「如果她不是唱我的詩，我就一輩子不跟你們爭排名。如果她唱我的詩，那你們就要拜我當老師。」然後那位女伶還真的就唱了他的〈涼州詞〉：**「黃河遠上白雲間，一片孤城萬仞山。羌笛何須怨楊柳，春風不度玉門關。」**這下王之渙就得意了：「你們兩個田舍奴（鄉巴佬），我沒吹牛吧！」王昌齡和高適倒是不介意，三個人都樂得哈哈大笑。

這個故事真假難辨，最明顯的是唐人薛用弱《集異記》中將「王之渙」寫成「王渙之」。另外，王昌齡〈芙蓉樓送辛漸二首〉應是王昌齡後來任江寧丞（今江蘇南京市）時所寫。姑且不論故事真偽，但我們可以從中看出王昌齡在唐人的傳說中，已經名滿天下而且喜結交朋友。

得罪由己招，本性易然諾

開元二十六年（七三八年），王昌齡在江寧待了大約五年就被貶赴嶺南，此時他已年過四十歲。至於被貶謫的原因，《舊唐書》只說他**「不護細行，屢見貶斥」**，連一條具體的罪名都沒有。

「不護細行」即是行事不拘小節，這問題可大可小，如果遇到一位愛護你的長官，那可能問題不大；如果長官行事一絲不苟，或是惹來太多人非議，長官也不想保住你，那問題就大了。漢魏曹丕在〈與吳質書〉寫：「**觀古今文人，類不護細行，鮮能以名節自立。而偉長**（徐幹，建安七子之一）**獨懷文抱質，恬淡寡欲，有箕山之志，可謂彬彬君子矣。**」可見相對於「不護細行」，重視名節、恬淡寡欲的人，更為古人所欣賞，也難怪「詩佛」王維在官場可以順風順水，而飛揚跋扈的李白則終生抑鬱。

像王昌齡這樣見慣沙場、重視兄弟情誼的人，大概無法適應官場的繁文縟節吧。他留有〈見讒至伊水〉詩的斷句，可能是貶謫途中行經伊水所寫：「**得罪由己招，本性易然諾。**」或許他此次得罪，乃是因為答應朋友一件不該答應的事情。

貶謫途中，王昌齡另有一首〈留別伊闕張少府郭大都尉〉寫郭侯勸他不要灰心喪志：「**把手相勸勉，不應老塵埃。**」他自己則說：「**幸隨板輿遠，負讒何憂哉。**」「板輿」是老人所乘坐的車，既然這次有母親陪伴上路，雖然遭貶也不用憂慮。這倒不是說王昌齡是媽寶，只要有媽媽就好。而是王昌齡非常孝順，他在〈上李侍郎書〉說，他謀求官職，主要是為了奉養母親：「**昌齡久於貧賤，是以多知危苦之事。……每思力養不給；則不覺獨坐流涕，啜菽**（ㄔㄨㄛˋ ㄕㄨˊ）**負米，惟明公念之。**」以子路[109]吃簡陋的飯菜、從百里外背米回家比喻自己的孝心，因此無論任何官職都能接受。

其實王昌齡的人生故事大抵在此已經說完了，此後就是不斷重複因「不護細行」而再次貶謫。雖然職場失意，但是他後來結識許多好友，並寫下諸多難得一見的好詩，因此我們要繼續說說。

洛陽親友如相問，一片冰心在玉壺

或許這次遭貶實在不是什麼大罪，因此他可以攜家帶眷徐徐南行。途經襄陽時，他見到了老友孟浩然，老孟雖然二次上京求官受挫，也曾出入張九齡幕府，但此時對於隱士身分已經怡然自得。敘舊飲宴之後，孟浩然寫下這首送行詩：

送王昌齡之嶺南　孟浩然

洞庭去遠近，楓葉早驚秋。峴首羊公愛，長沙賈誼愁。
土毛無縞紵，鄉味有槎頭。已抱沉痼疾，更貽魑魅憂。
數年同筆硯，玆夕間衾裯。意氣今何在，相思望斗牛。

這首詩每一聯都縮合雙方，乃是一首情深義重的送行詩。大意是你要往南邊洞庭湖的方向前行，途經襄陽來找我，此時楓葉正紅，我才驚覺已是秋天。我帶你去昔朝名將羊祜常去的峴山登高，你卻如漢朝無故被貶的賈誼一般憂愁。這裡沒有名貴的土產和絲綢，但是有美味的槎頭鯿可以招待你。我會退隱山林是因為染病已久，更憂懼你遭官場小人的讒言所害。我們已經筆墨往返多年，今晚又要分離了。什麼時候才能再與意氣相投的朋友相聚呢？你會望著北方的斗牛星辰想念我吧。

王昌齡貶至嶺南不到一年就獲赦北歸。秋天在巴陵（今湖南岳陽）遇見李白，兩人性情相近，從此結為好友。分別時王昌齡留有〈巴陵送李十二〉：**「搖曳巴陵洲渚分，清江傳語便風聞。山長不見秋城色，日暮蒹葭空水雲。」**

開元二十八年（七四〇年），王昌齡繼續北上經襄陽，再次探訪老友孟浩然。一年多前孟浩然說自己抱病已久，此時老孟大病初癒，老王獲赦正準備重回長安，相見自是一番歡喜飲宴。只是造化弄人，幾天後孟浩然食鮮疾動，竟因此辭世。

王昌齡回到長安後獲派新職為江寧丞，想來他應該大失所望，雖然「縣丞」較「縣尉」高了一級，相當於今日的副縣長，且江寧又是富庶繁華之地，但畢竟仍是九品小官。此時他已四十多歲了，但是他在朝中無人推薦，地方又無政績，也只能接受如此安排。

此時未來的著名邊塞詩人岑參才二十五、六歲，仍在長安努力考取進士，但卻與王昌齡結為好友。王昌齡離京赴任時，岑參寫長詩〈送王大昌齡赴江寧〉送別，前四句**「對酒寂不語，悵然悲送君。明時未得用，白首徒攻文」**，感嘆王昌齡雖是學識淵博，且是明君在朝，卻不得重用。末四句**「潛虯且深蟠，黃鵠舉未晚。惜君青雲器，努力加餐飯」**，勉慰王昌齡好好保重，終有直上青雲的一日。

王昌齡自己倒是沒這麼樂觀，他在〈留別岑參兄弟〉說**「副職守茲縣，東南櫂孤舟」**，他就要孤孤單單前去擔任副縣長了，**「何必念鐘鼎，所在烹肥牛」**，飛黃騰達的日子他不敢奢想，還是好好的吃幾隻肥牛吧，**「追隨探靈怪，豈不驕王侯」**，在那裡尋幽探勝，說不定還能遇到神靈仙怪，這豈不是更能跟王侯說嘴嗎？

南下途經東都洛陽時，王昌齡與李頎、綦毋潛等文人相聚，並留詩〈東京府縣諸公與綦毋潛、李頎相送至白馬寺宿〉告別，其中有云：**「薄宦忘機括，醉來即淹留。月明見古寺，林外登高樓。南風開長廊，夏夜如涼秋。江月照吳縣，西歸夢中遊。」**從這首詩與前引留別岑參的詩，仍可見到王昌齡的豪爽曠達之氣，貶謫江寧，朋友皆為他抱屈，但他只當去遊山玩水。或許這就是王昌齡生涯最大的矛盾之處，他如果抱著兢兢業業、臨淵履薄的心情赴任，生活會不會比較順遂？但他如果是謹小慎微的個性，又能否結交這麼多意氣相投的朋友？

江寧丞任內好友辛漸來訪，分別時王昌齡送行至潤州（今江蘇鎮江）芙蓉樓[110]，寫下這首「旗亭畫壁」故事中的名作：

芙蓉樓送辛漸二首（其一）　王昌齡

寒雨連江夜入吳，平明送客楚山孤。

洛陽親友如相問，一片冰心在玉壺。

南朝宋鮑照〈代白頭吟〉開篇即以**「直如朱絲繩，清如玉壺冰」**比喻冰清玉潔的品格，王昌齡也以玉壺冰強調自己問心無愧。這首詩乍看寫得直抒胸臆，我卻覺得寫得很微妙。鮑照詩中又寫：**「食苗實碩鼠**[111]**，點白信蒼蠅。」**與冰玉相對的，就是那些貪官小人、碩鼠蒼蠅了。

開元年間的宰相姚崇曾作〈冰壺誡〉，其序云：**「冰壺者，清潔之至也，君子對之，示不忘乎清也。夫洞澈無瑕，澄空見底，當官明白者，有類是乎？故內懷冰清，外涵玉潤，此君子冰壺之德也。」**可見「冰壺」已與官場品格直接關聯，內文更直接說：**「嗟爾在位，祿厚官尊，固當聳廉勤之節，塞貪競之門。」**則與冰玉「廉勤」相對的，就是「貪競」了。王維十九歲應京兆府試（就是因玉真公主之薦而中解元的那次）曾寫〈賦得清如玉壺冰〉**「玉壺何用好，偏許素冰居」**，可見鮑照此詩為當時文人必修課。

那麼王昌齡說自己**「一片冰心在玉壺」**就很危險了，這是說誰是碩鼠蒼蠅呢？這首詩同樣是在「有意無意、可解不可解」之間，餘韻無窮。不過我只能再說一次：「詩寫得再如何美，對王昌齡的仕途也沒幫助。」

王昌齡有首〈采蓮曲〉歷來也備受好評，描述一位身穿綠羅裙、唱著小曲的採蓮姑娘，她青春美麗，**「芙蓉向臉兩邊開」**，湖上、船上各有一朵芙蓉，船上這朵花當然就是指這位姑娘了。雖然無法確定寫作年代，這裡既然提到「芙蓉樓」，且此時他也正在江南，正好可以一併閱讀：

采蓮曲二首（其二） 王昌齡

荷葉羅裙一色裁，芙蓉向臉兩邊開。
亂入池中看不見，聞歌始覺有人來。

天寶三載（七四四年），王昌齡或許是因公出差至長安，見了許多老朋友。此時王維已重新入朝任左補闕，老友遠來，他們便同遊青龍寺並各自留詩[112]。而李白結束不到兩年的翰林供奉生涯，此時雖被玄宗「賜金放還」但仍留在長安，與王昌齡、崔國輔在一次送別宴上表達他對玄宗念念不忘：「**余欲羅浮隱，猶懷明主恩。**[113]」

不應百尺松，空老鐘山靄

王昌齡對長安也是戀戀不捨，他要回江寧前寫下〈別辛漸〉：「**別館蕭條風雨寒，扁舟月色渡江看。酒酣不識關西道，卻望春江雲尚殘。**」或許是回到長安，讓他想起了早年的邊塞生活，他出長安門沒多遠，便寄宿灞上，並寫長詩〈宿灞上寄侍御璵弟〉表達自己壯心仍在，願意在疆場立功獻策：「**昨聞羽書飛，兵氣連朔塞。諸將多失律，廟堂始追悔。安能召書生，願得論要害。**」不過他只能回到江寧，遙望海門月光，「**孤城海門月，萬里流光帶。不應百尺松，空老鐘山靄**」，像他這般的昂藏男兒百尺松，竟只能在江寧的鐘山蹉跎歲月。

朝廷始終未召王昌齡這位書生論要害，他任江寧丞長達八年。天寶七載（七四八年），他已年逾五十歲，他又再次被貶官縣尉，同樣沒有具體的罪名，而且這次是貶到當時頗為偏遠蠻荒的龍標。

唐人殷璠選錄開元至天寶年間二十四位詩人的二百多首詩，編為唐詩最早的選輯《河嶽英靈集》，其中王昌齡的詩數量最多達十六首，李白、王維各選了十三首、十五首。值得一提的是杜甫此時還沒沒無聞，因此一首詩都沒有選。於此亦可見王昌齡的文名當年與李白、王維並駕齊驅。書中提到王昌齡晚年遭貶時說：**「奈何晚節不矜細行，謗議沸騰，垂歷遐荒，使知音者嘆息。」**看來王昌齡「不矜細行」得罪了很多人，甚至到「謗議沸騰」的程度。

這本詩集中也選了與王昌齡同榜登進士[114]的常建的十四首詩，其中就有兩首與王昌齡有關。殷璠說常建才氣高超而「淪於一尉[115]」，即是說他只當過盱眙縣尉。後來他棄官隱居時，經過王昌齡出仕前所住之處，寫下〈宿王昌齡隱居〉，其中**「松際露微月，清光猶為君」**，彷彿松月清光都在等待王昌齡回來，**「余亦謝時去，西山鸞鶴群」**，常建說自己也想效法王昌齡隱居，這是說反話，意思是希望王昌齡能跟他一同歸隱。

另一首詩為王昌齡被貶龍標後所寫，常建此時隱居於武昌，他寫詩〈鄂渚招王昌齡、張僨〉為他們抱不平說**「謫居未為嘆，讒枉何由分」**，貶謫不是問題，問題是遭人讒言冤枉。**「翻覆古共然，名宦安足云」**，既然官場中的人情翻覆自古皆然，官位也就不值得留戀了，**「二賢歸去來，世上徒紛紛」**，兩位賢達也大唱「歸去來兮」，跟我一樣遠離世上糾紛吧！如果王昌齡此時真的跟常建一樣退隱了，或許是好事吧！

王昌齡到任龍標尉之後，李白也寄了一首詩給他：

聞王昌齡左遷龍標遙有此寄　李白

楊花落盡子規啼，聞道龍標過五溪。
我寄愁心與明月，隨風直到夜郎西！

古人以右為尊，所以貶官為「左遷」。這首詩的大意是美好的春天已過，楊花即將落盡，而子規（杜鵑鳥別名）開始哀啼。在這個令人心情低落的日子，聽聞王昌齡被貶到比武陵的五溪（雄溪、樠溪、無溪、酉溪、辰溪）更遙遠的地方。我只能將內心的愁苦哀慟交由明月寄給你，我的思念會隨著風陪你直到夜郎西邊的龍標。

我前面已經略述王昌齡的七言絕句之佳處，李白的七絕則又是另一番勝景。這首詩看似隨口而成，但卻能引人聯想到這種恨事乃是千古以來綿綿不絕。例如首句**「楊花落盡子規啼」**，便是屈原〈離騷〉之嘆：**「恐鵜鴂**（杜鵑鳥另一別名）**之先鳴兮，使百草為之不芳。」「惟草木之零落兮，恐美人之遲暮。」**杜鵑啼血時百花已盡，而我們也都老了。若將此句對照王昌齡早年所寫〈青樓曲二首〉其二的**「馳道楊花滿御溝」**，更是不勝唏噓。

第三、四句**「我寄愁心與明月，隨風直到夜郎西」**，則是天地茫茫，我倆竟無相見之日，如南朝宋謝莊〈月賦〉：**「美人邁兮音塵缺，隔千里兮共明月。」**李白〈憶秦娥〉：**「秦樓月，年年柳色，灞陵傷別。樂遊原上清秋節，咸陽古道音塵絕。」**或是張若虛〈春江花月夜〉：**「此時相望不相聞，願逐月華流照君。」**詩仙畢竟是詩仙，李白這四句便將時間與空間、具體與抽象的哀愁全納進來了。

王昌齡在龍標一待又是八年，總算沒有再因「不護細行」而遭貶。題外話，二〇二〇年武漢爆發新型冠狀肺炎之時，日本捐贈中國的部分物資上印了王昌齡的兩句詩，一時引起熱議，該詩即出自這首龍標尉任內所寫〈送柴侍御〉的末兩句，大意是我們雖分隔兩地，但卻可以望著同一個明月。這跟李白的詩意境相通，但是比較明朗豪快：

送柴侍御　王昌齡

流水通波接武岡，送君不覺有離傷。
青山一道同雲雨，明月何曾是兩鄉。

天寶十四載（七五五年）安史之亂爆發，隔年長安陷落，玄宗奔蜀，太子李亨自行即位，廟號「肅宗」。據《新唐書》載，此年王昌齡**「以世亂還鄉里」**。不過他或許不只是想回家，雖然已約六十歲，但是值此亂世，他仍想著建功立業，如他途經辰溪所寫〈留別司馬太守〉：**「黃鶴青雲當一舉，明珠吐著報君恩。」**他是否也想起了年輕時寫的**「封侯取一戰，豈復念閨閤」**？

一年多後，他到了亳州（今安徽省亳縣），卻不知何故為刺史閭丘曉所殺，結束了他壯志未酬、沉淪下僚的一生。或許他是因「不護細行」而得罪刺史吧，我只希望他到了最後仍然堅持做自己，貶官也只當遊山玩水。畢竟他曾將盛唐邊塞風光帶給多少讀者，而以他的絕世才華，後世的稱號只是「王江寧」、「王龍標」，他的一生已經夠委屈了。

後話[116]，宰相張鎬兼河南節度使，都統淮南諸軍事，而閭丘曉延誤軍機，張鎬欲殺閭丘曉時，閭求情說：「我還有家中長輩要奉養，求饒一命。」張鎬說：「王昌齡的親人，又該誰來奉養？」仍然杖殺閭丘曉，看來當時人是同情王昌齡的。

同場加映

王昌齡的〈從軍行七首〉所有學生都可以好好誦讀，最奇怪的是這組詩《唐詩三百首》竟然一首都沒選，實在非常可惜。雖然戰爭對當代人來說有點遙遠，我們難以深刻體會戰場的種種心境轉折。不過作文講究「起、承、轉、合」，我建議寫作者讀這組詩的時候，每讀完一句都停下來想一想，他為什麼這麼起、這麼承、這麼轉、這麼合，相信大家的寫作功力都會大幅提升。

從軍行七首　王昌齡

烽火城西百尺樓，黃昏獨坐海風秋。
更吹羌笛關山月，無那金閨萬里愁。

城西有一座瞭望的高樓，高樓上有一孤獨的戍卒。戍卒的羌笛吹著〈關山月〉

的曲子，曲子讓他想起了萬里外的妻子。「無那」即是「無奈」。

琵琶起舞換新聲，總是關山舊別情。
撩亂邊愁聽不盡，高高秋月照長城。

琵琶伴舞時演奏了許多新曲，每首曲子都跟〈關山月〉類似。每首曲子都是士兵無邊的邊愁，皎潔的秋月照著無邊的長城。

關城榆葉早疏黃，日暮雲沙古戰場。
表請回軍掩塵骨，莫教兵士哭龍荒。

榆樹的葉子早已稀疏枯黃，夕陽照著血流滿地的戰場。請好好安葬他們的屍骨，不要讓兵士在荒野哭泣。

青海長雲暗雪山，孤城遙望玉門關。
黃沙百戰穿金甲，不破樓蘭終不還。

往前看是黯淡的青海雪山，往後看是玉門關內的家鄉。身經黃沙百戰，戰甲已經磨穿，但不攻破敵國不能還家。

大漠風塵日色昏，紅旗半卷出轅門。
前軍夜戰洮河北，已報生擒吐谷渾。

大漠風塵揚起，天色為之昏暗，必須半卷著紅旗才能繼續行軍。先遣部隊昨夜與敵軍接戰，聽說已傳來捷報：生擒敵人首領。

胡瓶落膊紫薄汗，碎葉城西秋月團。
明敕星馳封寶劍，辭君一夜取樓蘭。

將軍胳膊上繫著水瓶，騎著紫色的汗血寶馬，西域碎葉城上的秋月正圓。皇帝特使星夜下詔，並賜寶劍予將軍；將軍接詔之後，在一夜之間就要攻破敵國。

玉門山嶂幾千重，山北山南總是烽。
人依遠戍須看火，馬踏深山不見蹤。

玉門關周圍有幾千座山峰，山南山北都有傳遞軍情的烽火。兵士戍守邊疆須觀看烽火，但是看不見走入深山裡的兵馬。

註釋

89 明．王世貞《藝苑卮言》。

90 清．沈德潛《唐詩別裁集》「七言絕句」李白條下。

91 《史記．李將軍列傳》：「廣居右北平，匈奴聞之，號曰『漢之飛將軍』，避之數歲，不敢入右北平。」

92 《新唐書》孟浩然傳附：「昌齡工詩，緒密而思清，時謂『王江寧』云。」

93 明．王世貞《藝苑卮言》：「于鱗（李攀龍）言唐人絕句當以此壓卷，余始不信，以少伯集中有極工妙才。既而思之：若落意解，當別有所取；若以有意無意、可解不可解間求之，不免此詩第一耳。」

94 王昌齡〈上李侍郎書〉：「夫夷吾窮困，樂毅羈旅，孔明躬耕，子房養志。此四賢未遇之時，則乃不遇，意固不能俛首跼步，與眾人爭得失於吏曹之門。」

95 《新唐書．玄宗本紀》：「十一年……庚辰，次潞州，赦囚，給復五年，以故第為飛龍宮。辛卯，次并州，改并州為北都。」

96 王昌齡〈變行路難〉：
向晚橫吹悲，風動馬嘶合。前驅引旗節，千里陣雲帀。
單于下陰山，砂礫空颯颯。封侯取一戰，豈復念閨閤。

97 王昌齡〈塞下曲四首〉其一：
蟬鳴空桑林，八月蕭關道。出塞入塞寒，處處黃蘆草。
從來幽并客，皆共塵沙老。莫學遊俠兒，矜誇紫騮好。

98 王昌齡〈塞下曲四首〉其二：
飲馬渡秋水，水寒風似刀。平沙日未沒，黯黯見臨洮。
昔日龍城戰，咸言意氣高。黃塵足今古，白骨亂蓬蒿。

99 王昌齡〈塞下曲四首〉其四：
邊頭何慘慘，已葬霍將軍。部曲皆相弔，燕南代北聞。
功勳多被黜，兵馬亦尋分。更遣黃龍戍，唯當哭塞雲。

100 王昌齡〈從軍行二首〉其一：
向夕臨大荒，朔風軫歸慮。平沙萬里餘，飛鳥宿何處？
虜騎獵長原，翩翩傍河去。邊聲搖白草，海氣生黃霧。
百戰苦風塵，十年履霜露。雖投定遠筆，未坐將軍樹。

早知行路難，悔不理章句。

101 見《後漢書．班超傳》：「久勞苦，嘗輟業投筆歎曰：『大丈夫無它志略，猶當效傅介子、張騫立功異域，以取封侯，安能久事筆研間乎？』」

102 見《戰國策．齊策》：「（馮諼）居有頃，倚柱彈其劍，歌曰：『長鋏歸來乎！食無魚。』左右以告。孟嘗君曰：『食之，比門下之客。』居有頃，復彈其鋏，歌曰：『長鋏歸來乎！出無車。』左右皆笑之，以告。孟嘗君曰：『為之駕，比門下之車客。』於是乘其車，揭其劍，過其友曰：『孟嘗君客我。』後有頃，復彈其劍鋏，歌曰：『長鋏歸來乎！無以為家。』左右皆惡之，以為貪而不知足。孟嘗君問：『馮公有親乎？』對曰：『有老母。』孟嘗君使人給其食用，無使乏。」

103 見《新唐書．玄宗本紀》開元十三年：「十一月庚寅，封於泰山。辛卯，禪於社首。壬辰，大赦。」

104 《新唐書．三宗諸子》：「及先天後，盡以隆慶舊邸為興慶宮，而賜憲及薛王第於勝業坊，申、岐二王居安興坊，環列宮側。天子於宮西、南置樓，其西署曰『花蕚相輝之樓』，南曰『勤政務本之樓』，帝時時登之，聞諸王作樂，必亟召升樓，與同榻坐，或就幸第，賦詩燕嬉，賜金帛侑歡。」

105 宋．王溥《唐會要》：「開元十七年八月五日，左丞相源乾曜、右丞相張說等上表，請以是日為千秋節，著之甲令布于天下，咸令休假。群王當以是日進萬壽酒，王公戚里進金鏡綬帶，士庶以結絲承露囊，更相問遺村社作壽酒樂名『賽白帝』。」

106 明朝學者胡應麟《詩藪》說：「太白〈長門怨〉：『天迴北斗掛西樓，金屋無人螢火流。月光欲到長門殿，別作深宮一段愁。』江寧〈西宮曲〉：『西宮夜靜百花香，欲卷珠簾春恨長。斜抱雲和深見月，朦朧樹色隱昭陽。』李則意盡語中，王則意在言外，然二詩各有至處，不可執泥一端。大概李寫景入神，王言情造極。王宮詞樂府李不能為，李覽勝紀行王不能作。」

107 《漢書．外戚列傳》：「趙氏姊弟驕妒，（班）婕妤恐久見危，求共養太后長信宮。」

108 宋．陳振孫《直齋書錄解題》卷十九《王江寧集》：「二十二年選宏辭，超絕群類。」

109 「啜菽」見《禮記．檀弓下》：「子路曰：『傷哉貧也！

生無以為養，死無以為禮也。』孔子曰：『啜菽飲水盡其歡，斯之謂孝。』」「負米」見漢．劉向《說苑．建本》：「子路曰：『負重道遠者，不擇地而休；家貧親老者，不擇祿而仕。昔者由事二親之時，常食藜藿之實而為親負米百里之外。』」

110 一說此詩作於龍標尉任內，芙蓉樓位於湖南黔陽。本文因組詩其二：

丹陽城南秋海陰，丹陽城北楚雲深。
高樓送客不能醉，寂寂寒江明月心。

丹陽城即鎮江丹陽市，因此定於江寧丞任內。題中潤洲芙蓉樓原名西北樓。

111 「碩鼠」典出《詩經．魏風．碩鼠》：「碩鼠碩鼠，無食我苗。」「蒼蠅」即「青蠅」，典出《詩經．小雅．青蠅》：「營營青蠅，止于棘。讒人罔極，交亂四國。」

112 王昌齡所作〈同王維集青龍寺曇壁上人兄院五韻〉：

本來清淨所，竹樹引幽陰。簷外含山翠，人間出世心。
圓通無有象，聖境不能侵。真是吾兄法，何妨友弟深。
天香自然會，靈異識鐘音。

113 見李白〈同王昌齡送族弟襄歸桂陽〉，詩題一作〈同王昌齡、崔國輔送李舟歸郴州〉：

秦地見碧草，楚謠對清樽。把酒爾何思，鷓鴣啼南園。
余欲羅浮隱，猶懷明主恩。躊躇紫宮戀，孤負滄洲言。
終然無心雲，海上同飛翻。相期乃不淺，幽桂有芳根。

114 唐．顧況〈監察御史儲公集序〉：「開元十四年，嚴黃門知考功，以魯國儲公進士高第，與崔國輔員外、綦毋潛著作同時；其明年，擢第常建少府、王龍標昌齡，此數人皆當時之秀。」

115 唐．殷璠《河嶽英靈集》：「高才無貴士，誠哉是言。曩劉楨死於文學，左思終於記室，鮑昭卒於參軍，今常建亦淪於一尉。」

116 事見《新唐書》孟浩然傳附：「張鎬按軍河南，兵大集，曉最後期，將戮之，辭曰：『有親，乞貸餘命。』鎬曰：『王昌齡之親，欲與誰養？』曉默然。」《新唐書》張鎬傳：「詔兼河南節度使，都統淮南諸軍事。賊圍宋州，張巡告急，鎬倍道進，檄濠州刺史閭丘曉趣救。曉愎撓，逗留不肯進，比鎬至淮口，而巡已陷。鎬怒，杖殺曉。」

道

李白——飛揚跋扈的謫仙人

本事

唐玄宗發給李白一筆資遣金之後，李白結束了短短兩年在皇宮中任職的生活，再次浪遊江湖。畢竟是皇宮裡出來的「翰林供奉」（也稱翰林待詔），李白想必認為自己名滿天下吧？但是幾年後他遇到了一位湖州司馬，竟然不認識他！李白於是寫了這首詩自我介紹：

答湖州迦葉司馬問白是何人　李白

青蓮居士謫仙人，酒肆藏名三十春。
湖州司馬何須問，金粟如來是後身。

大意是我乃青蓮居士，當年三品大官賀知章讀了我的詩佩服不已，認為我是謫入凡間的仙人。我毫不貪戀世間的榮華富貴，因此在酒家之中隱姓埋名了三十年。湖州司馬你姓迦葉，想必祖先來自西域，那你應該懂點佛法，怎麼會認不出我就是金粟如來轉世呢？

李白就是這麼狂傲，即使處於不如意的窘況，他都如此自信滿滿。杜甫有首〈贈李白〉說得好：**「痛飲狂歌空度日，飛揚跋扈為誰雄。」**他說李白啊，你每天飲酒放歌、虛度年華，卻又是如此瀟灑不拘逞英雄，天下竟然沒有能欣賞你的才華的人嗎？

「飛揚跋扈」，這個詞真是只有李白能擔得起。即使滿懷愁苦，李白也不曾耽溺於愁苦，他總是能飛揚；飛揚才是他「詩仙」的本色。就像他〈行路難三首〉（其一）所說，雖然目前沒有機會救世濟民，因此**「停杯投箸不能食，拔劍四顧心茫然」**，簡直食不下嚥，一時茫茫然不知何去何從，但是**「長風破浪會有時，直掛雲帆濟滄海」**！他總有一天會如南朝劉宋時宗慤（ㄑㄩㄝˋ）那樣**「願乘長風破萬里浪」**[117]，一展所長。

李白的一生太豐富，我們借用他的名作〈將進酒〉來窺探他的人生吧。

我們先整首念一次：

將進酒　李白

君不見黃河之水天上來，奔流到海不復回。

君不見高堂明鏡悲白髮，朝如青絲暮成雪。
人生得意須盡歡，莫使金樽空對月。
天生我材必有用，千金散盡還復來。
烹羊宰牛且為樂，會須一飲三百杯。
岑夫子，丹丘生，將進酒，杯莫停。
與君歌一曲，請君為我傾耳聽。
鐘鼓饌玉不足貴，但願長醉不願醒。
古來聖賢皆寂寞，唯有飲者留其名。
陳王昔時宴平樂，斗酒十千恣歡謔。
主人何為言少錢，徑須沽取對君酌。
五花馬，千金裘，呼兒將出換美酒，與爾同銷萬古愁。

將進酒

先看詩名「將進酒」，這是漢樂府舊題，意為「且進酒」，也就是一首勸人飲酒的歌。李白只用其題目，內容格式則是自創。唐朝文人寫詩，大約有格式較自由的五、七言古詩，和歌行體或樂府詩；以及平仄格式嚴謹的五言、七言絕句和律詩。其中李白除了七言律詩寫得較少，其他各體都是絕妙，而樂府及歌行體更是他的大絕招。為何如此呢？

李白曾自述[118]：**「五歲誦六甲，十歲觀百家，軒轅以來，頗得聞矣。」**亦即他不謹守一家之言，儒、道、縱橫家他都了然於胸。他為人也是如此，瀟灑豪邁，風流倜儻。因此當他寫作時，是不能被詩詞的格律所拘束的，唐人劉全白[119]在李白的墓誌銘就說他：**「性倜儻，好縱橫術，善賦詩，才調逸邁，往往興會屬詞，恐古之善詩者亦不逮，尤工古歌。」**「興會屬詞」意即興致一來就寫詩，哪能拘於格律呢？

傳說[120]號「四明狂客」的賀知章（字季真）讀了李白的樂府〈蜀道難〉，大為驚嘆，稱他是「謫仙」，並解下身上的金龜換酒，與李白大醉了一場。後來再讀李白的樂府〈烏棲曲〉，吟誦不已，又說：**「此詩可以泣鬼神矣。」**由此可見，李白的樂府詩多麼出類拔萃。

這件事李白後來念念不忘，當賀知章過世時，李白寫了〈對酒憶賀監二首〉，便是回憶這段交往：

對酒憶賀監二首（其一）　李白

并序：太子賓客賀公，於長安紫極宮一見余，呼余為謫仙人，因解金龜換酒為樂。歿後對酒，悵然有懷，而作是詩。

四明有狂客，風流賀季真。長安一相見，呼我謫仙人。
昔好杯中物，翻為松下塵。金龜換酒處，卻憶淚沾巾。

杜甫比李白小十一歲，應該也聽李白這位大哥吹噓過這段往事，因此寄詩[121]給李白時也寫了：**「昔年有狂客，號爾『謫仙人』。筆落驚風雨，詩成泣鬼神。」**

我們繼續念〈將進酒〉：

君不見黃河之水天上來，奔流到海不復回。
君不見高堂明鏡悲白髮，朝如青絲暮成雪。

這兩句的內涵只是紅顏易老、光陰易逝。這種感嘆在詩詞中比比皆是，但是心胸不夠飛揚跋扈的人，寫不出此等詩句。例如晚唐韓琮〈暮春滻水送別〉「**行人莫聽宮前水，流盡年光是此聲**」，南唐李後主〈虞美人〉「**問君能有幾多愁，恰似一江春水向東流**」，雖然也都用流水比喻年華，但只是一派愁苦。

而詩仙的詩句卻截然不同。你看這水不是眼前一般的河水，而是從天上來的黃河之水，洶湧奔騰至海方休。這白髮不是李賀「**遺我星星髮**[122]」、李清照「**如今憔悴，風鬟霜鬢**[123]」那種一點一絲的白髮，而是從仙人視角來看，人生數十年也彷彿如一日，因此能一日就由青絲變為滿頭白雪。這兩句在唐詩中幾乎只有杜甫〈九日藍田崔氏莊〉可以比肩：「**藍水遠從千澗落，玉山高並兩峰寒。明年此會知誰健？醉把茱萸仔細看。**」

既然李白的胸襟如此廣闊上接宇宙，為何對時間流逝如此敏感呢？李白十五、六歲便隱居蜀地大匡山讀書，期間曾師從隱士趙蕤鑽研縱橫學[124]，一心想要輔佐明主，匡濟天下。二十歲左右他拜見文壇大老蘇頲，蘇頲非常禮遇他，並對幕僚說假以時日，李白的成就可以追上漢朝的司馬相如[125]。

不過並非每個人都欣賞李白，他也曾謁見渝州太守李邕（ㄩㄥ），但李邕卻沒給他這個年輕人好臉色。李白當然忿忿不平，寫下這首詩：

上李邕　李白

大鵬一日同風起，摶搖直上九萬里。
假令風歇時下來，猶能簸卻滄溟水。
世人見我恆殊調，聞余大言皆冷笑。
宣父猶能畏後生，丈夫未可輕年少。

簸（ㄅㄛˇ），搖動。滄溟，大海。這首詩同時用了道家、儒家的典故。「大鵬」來自道家《莊子・逍遙遊》：**「鵬之徙於南冥也，水擊三千里，摶**（ㄊㄨㄢˊ，憑藉）

扶搖而上者九萬里。[126]」大意是我李白就是隻大鵬鳥，一旦風起，我就能直上青天九萬里；即使風歇了，我翅膀一拍猶能撼動無邊無際的大海。世人見我總是不依常軌行事，聽到我的宏言壯語都只會冷笑。孔子（即宣父[127]）就曾說過「後生可畏[128]」，太守你這個大丈夫可不能輕視我這個年輕人啊！

既然有這種壯志，總不能一直隱居讀書。李白約二十四歲出蜀，他說：「**莫怪無心戀清境，已將書劍許明時。**[129]」不要覺得奇怪，為何他不再依戀匡山的山水清境，只因他學習了這麼久的書、劍，正是為了在政局清明時一展所長。這兩句話略同於孟浩然〈望洞庭湖贈張丞相〉的「**端居恥聖明**」，從中可以看出李白也受儒家影響，因為這是孔子所非常強調的行為準則，《論語．泰伯》云：「**天下有道則見，無道則隱。邦有道，貧且賤焉，恥也；邦無道，富且貴焉，恥也。**」大意是當天下政治清明，皇上會任用賢人君子，則應該出仕任官、大展鴻圖，若此時仍「貧且賤」，就是一種恥辱，代表我不是值得任用的君子；若天下政治汙濁，皇上身邊都是奸臣小人，則應該隱姓埋名、修身養性，若此時卻「富且貴」，也是一種恥辱，代表自己當官之後同流合汙了。

此時既然是「明時」，因此李白開始浪遊四方，尋找仕進的機會，並寫下〈渡荊門送別〉「**山隨平野盡，江入大荒流**」、「**仍憐故鄉水，萬里送行舟**」，你看李白跟朋友、家鄉告別時，他沒有一絲傷悲，仍能寫下多麼視野開闊、青春昂揚的詩句！

李白剛出山沒多久，就在江陵結識天台山的道教上清派茅山宗著名道士司馬承禎，對方稱讚他「**有仙風道骨，可與神遊八極之表**」。此人可比賀知章早了十幾年看出李白的仙人本色。李白因此寫了〈大鵬遇希有鳥賦〉，多年後再改成〈大鵬賦〉。賦中他說自己這隻大鵬鳥相當了不起：「**燀赫乎宇宙，憑陵乎崑崙。一鼓一舞，煙蒙沙昏；五嶽為之震蕩，百川為之崩奔。**」而司馬承禎這隻希有鳥也不惶多讓：「**右翼掩乎西極，左翼蔽乎東荒。跨躡地絡，周旋天綱；以恍惚為巢，以虛無為場。我呼爾遊，爾同我翔。**」由此可見，李白根本不將世人看在眼裡，因為他這隻大鵬鳥，可是超乎凡間一切碌碌世人的。這篇賦後來大大出名，據說[130]每個讀書人家中都要收藏。

或許約於此時，他也寫了這首詩：

古風五十九首（其三十三）　李白

北溟有巨魚，身長數千里。仰噴三山雪，橫吞百川水。
憑陵隨海運，燀赫因風起。吾觀摩天飛，九萬方未已。

北溟巨魚同樣來自《莊子．逍遙遊》，後來化為直上九萬里的大鵬。這裡簡單說一下，李白的〈古風五十九首〉非寫於一時一地，李白一生不同階段都寫過〈古風〉，只是後人將這些詩編纂在一起。除了這些詩都藉古人言論、史實以寄託自己的胸懷感觸之外，也因為這種詩體不用按照嚴格的律詩、絕句的格律，而且詩作的數量相當多，因此也成為李白詩的一項特色。

李白後來遊歷到了潯陽，但他不像孟浩然一般只在山腳遙望：「**泊舟潯陽郭，始見香爐峰。**[131]」他不僅登覽了廬山瀑布，還寫下這首現在很多小學生都會念的名作：

望廬山瀑布水二首（其二）　**李白**

日照香爐生紫煙，遙看瀑布掛前川。
飛流直下三千尺，疑是銀河落九天。

這首詩同樣是詩仙手筆，先以紫煙裊裊的香爐峰襯托，接著以銀河喻瀑布，帶出九天之外落下的三千尺銀河。

據說[132]後來蘇軾也到了廬山遊覽，他一邊走一邊讀〈廬山記〉，看到其中同時記錄了李白和晚唐徐凝的廬山瀑布詩，不小心笑了出來。徐凝的詩有什麼好笑呢？我們看一下：

廬山瀑布　唐．徐凝

虛空落泉千仞直，雷奔入江不暫息。
千古長如白練飛，一條界破青山色。

徐凝雖然也說瀑布是從虛空落下，起筆不凡，但後來以一條飛舞的白練（即白布）比擬，眼界和想像力當然就大輸李白了。蘇軾因此還特別寫了一首詩來嘲笑徐凝，當然也是同時讚美李白：**「帝遣銀河一派垂，古來唯有謫仙辭。飛流濺沫知多少，不與徐凝洗惡詩。」**

幾年東奔西走，李白仍然找不到仕進的管道，他寫詩給趙蕤說：「**功業莫從就，歲光屢奔迫。……國門遙天外，鄉路遠山隔。**[133]」前往國門（京城）和回鄉的路都是那麼遙遠，而他功業未成，歲月空自磋跎。隨著年紀愈長，李白對時光的流逝就愈敏感了。

他另一首思鄉的詩，大家更是朗朗上口：

靜夜思[134]　李白

床前明月光，疑是地上霜。
舉頭望明月，低頭思故鄉。

我們再接著讀〈將進酒〉：

人生得意須盡歡，莫使金樽空對月。
天生我材必有用，千金散盡還復來。
烹羊宰牛且為樂，會須一飲三百杯。

李白最好的詩有項特色：非常口語白話，簡直像脫口而出。這個特色歷來都有人注意到，例如宋人嚴羽說：**「太白天才豪逸，語多卒然而成者。**[135]**」**清人劉熙載也說：**「太白詩言在口頭，想出天外。**[136]**」**借用李白自己的詩句則是**「清水出芙蓉，天然去雕飾**[137]**」**，他不在章句之間精雕細琢，一切就如出水芙蓉那般渾然天成。

如果只是白話，還不成其為詩仙。例如談藉酒消愁，晚唐羅隱〈自遣〉只能寫：**「得即高歌失即休，多愁多恨亦悠悠。今朝有酒今朝醉，明日愁來明日愁。」**這也夠白話了，內容也是勸人拋開憂愁、縱情暢飲。但是李白的境界更高，他不只是藉酒消愁，而是得意時也要盡歡；他不說「莫使酒杯空」，必須用「金樽」才能配得上這場盛筵，金樽更必須「對月」，彷彿這次的飲酒與自然宇宙息息相關。

又例如談無須執著於人生一時的失意。與李白同時代的岑參〈涼州館中與諸判官夜集〉也寫得非常豪邁：**「花門樓前見秋草，豈能貧賤相看老。一生大笑能幾回，斗酒相逢須醉倒。」**但與李白相比，就稍微寒酸了。李白說**「天生我材必有用」**，只是目前尚未皇上得到重用，因此不可能「貧賤相看老」，而且只要自己有本事，「千金散盡」又何妨。

岑參畢竟是邊塞詩人，至少懂得大口吃肉、大碗喝酒。中唐白居易的名篇〈問劉十九〉就更小家子氣了：**「綠蟻新醅酒，紅泥小火爐。晚來天欲雪，能飲一杯無？」**與好友雪中飲酒，氣氛這麼好，怎麼能只飲一杯？我想這位劉十九應該不會赴約。看看李白如何與朋友歡聚：**「烹羊宰牛且為樂，會須一飲三百杯！」**大概是因為這兩句，似乎現今很多羊肉爐的店家喜歡懸掛這首〈將進酒〉。

不過李白可不是空口說大話，他二十幾歲遊揚州時，只要見到一時落魄的王孫公子，便毫不吝嗇的拿出金銀接濟對方。不到一年的時間，竟然散金三十餘萬[138]！不過看來這些公子並沒有真心要跟他這個平民布衣交朋友，到頭來**「黃金散盡交不成，白首為儒身被輕[139]」**。

李白雖然有心入仕，但他不願走科舉考試這條道路。他的理想是「平交王侯[140]」，也就是與王公顯貴平輩論交，再得他們的推薦或是皇上直接下詔他入朝為官。

他的〈梁甫吟〉描述了他心中的理想典範：**「君不見高陽酒徒起草中，長揖山東隆準公。」**這個典故[141]來自秦朝末年沛縣的劉邦，也就是後來開創漢帝國的漢高祖劉邦。史書上說他隆準（高鼻子），所以李白說他是隆準公，其實他當時人稱「沛公」。

某年劉邦領兵經過高陽，酈食其登門謁見。劉邦問通報的使者：「來謁見的人是誰？」

使者說：「看起來像個大儒。」

劉邦一聽就沒了興致：「幫我謝絕會客，現在天下大亂，我沒空見讀書人。」

酈食其聽使者這麼一說就手按長劍大怒：「你去跟他說，我不是讀書人，我是高陽酒徒！」使者嚇了一跳趕回去再通報。劉邦聽了反而很高興，於是請他進來。而酈食其卻不行以下對上的跪拜，只有「長揖」劉邦，也就是雙手高舉由上至下鞠躬的平輩禮節。他們長談之後，劉邦賞識其才華因此加以重用。

從李白引用的這個典故，可以想見他認為自己雖然也是個「酒徒」，但總有一天會因為自己的才華而受到君王賞識。但我總覺得李白是個書呆子，大唐此時已建國百餘年，天下大抵太平，時空環境怎麼能跟秦朝末年相提並論？李白一生崇拜的古人還有戰國的魯仲連、三國的諸葛亮、東晉隱於東山後來在淝水之戰大捷的謝安，每一個都是亂世中的英雄。如果他的偶像是個太平宰相，或許人生道路會不同吧。

雖然李白還沒有找到出仕的途徑，不過他這幾年四處浪遊的生活倒也是頗為愜意。一方面他在襄陽結識了傾慕已久的孟浩然，〈贈孟浩然〉開篇就說：「**吾愛孟夫子，風流天下聞。**」李白也羨慕孟浩然每日花間飲酒、不思報效國君的隱士生活：「**醉月頻中聖，迷花不事君。**」不過這時李白還出山未久，還不到隱居的時候。

另一方面，李白因為長期在民間遊歷，因此也常常為民間女子代言，寫下非常多首絕佳的閨情或閨怨詩。例如〈江夏行〉寫商人的妻子獨守空閨，等待出外經商的丈夫回家，非常寂寞：「**誰知嫁商賈，令人卻愁苦。自從為夫妻，何曾在鄉土。……不如輕薄兒，旦暮長相隨。悔作商人婦，青春長別離。**」多年後中唐的李益寫〈江南曲〉，與李白這首詩的命意幾乎相同：「**嫁得瞿塘賈，朝朝誤妾期。早知潮有信，嫁與弄潮兒。**」

另外一首〈白紵辭〉寫：「**揚清歌，發皓齒，北方佳人東鄰子。且吟〈白紵〉停〈綠**

水〉，長袖拂面為君起。寒雲夜卷霜海空，胡風吹天飄塞鴻。玉顏滿堂樂未終，館娃日落歌吹濛。」則幾乎是對著南朝宋人鮑照〈白紵辭〉照樣造句了：「朱唇動，素腕舉，洛陽少童邯鄲女。古稱〈淥水〉今〈白紵〉，催弦急管為君舞。窮秋九月荷葉黃，北風驅雁天雨霜，夜長酒多樂未央。」難怪杜甫會稱讚李白的詩有如「俊逸鮑（照）參軍[142]」。

李白最著名的一首閨情詩，應該是現在高中生都會念的樂府詩〈長干行〉：

長干行　李白

妾髮初覆額，折花門前劇。郎騎竹馬來，遶床弄青梅。
同居長干里，兩小無嫌猜。十四為君婦，羞顏未嘗開。
低頭向暗壁，千喚不一回。十五始展眉，願同塵與灰。
常存抱柱信，豈上望夫臺。十六君遠行，瞿塘灩澦堆。
五月不可觸，猿聲天上哀。門前遲行跡，一一生綠苔。
苔深不能掃，落葉秋風早。八月蝴蝶黃，雙飛西園草。

感此傷妾心，坐愁紅顏老。早晚下三巴，預將書報家。
相迎不道遠，直至長風沙。

這首詩大意是一對「兩小無猜」的「青梅竹馬」結婚後，丈夫出外經商、少婦堅貞不移的愛情故事。詩中的特色是李白從幼年寫到十四、十五、十六歲的女性心理變化。如果大家想了解更多古代女孩在結婚前的生活，可以念念晚唐李商隱的這首詩：

無題二首（其一）　唐・李商隱

八歲偷照鏡，長眉已能畫。
十歲去踏青，芙蓉作裙衩。
十二學彈箏，銀甲不曾卸。
十四藏六親，懸知猶未嫁。
十五泣春風，背面秋千下。

李白這類「商人婦」的詩作挺多的，也難怪歷年來一直有人猜測他看似漫遊的生活，除了尋找仕進的機會之外，同時也是四處經商。否則他哪來的資金可以「**散金三十餘萬**」，又可以「**千金散盡還復來**」？這種猜測還滿合理的。

李白這趟湖北行，一路從襄陽再到了安陸，遇見了茅山宗道士好友元丹丘，並帶李白去謁見安州都督馬正會。這位馬公獨具慧眼，對李白的文章大大稱讚：「**諸人之文，猶山無煙霞，春無草樹。李白之文，清雄奔放，名章俊語，絡繹間起，光明洞徹，句句動人。**[143]」

在安陸有另一件大事。前宰相許圉（ㄩˇ）師之子也非常欣賞李白，將李白招為女婿，李白因此入贅許家，娶了許圉師的孫女，從此定居安陸多年[144]。

結婚對李白來說當然是喜事，但他的妻子可就不一定開心了。一方面他經常離家遠遊，讓妻子也成為自己詩中經常描寫的閨中思婦，這首〈長相思三首〉（其一）他妻子看了不知做何感想：「**憶君迢迢隔青天。昔日橫波目，今成流淚泉。不信妾腸斷，歸來看取明鏡前。**」我的雙眼總是因想念你而流淚，你回家後陪我照鏡子，就知道我因此衰老了多少。李白你這麼懂女人的心情，為何總是不回家？還大老遠跑去黃鶴樓跟孟浩然玩樂？

另一方面，人生得不得意是一回事，**「莫使金樽空對月」**卻是李白的日常。有天他喝酒喝到過意不去了，寫了首詩給妻子：

贈內　李白

三百六十日，日日醉如泥。
雖為李白婦，何異太常妻。

「太常妻」的典故來自東漢的太常（官名）周澤[145]，他晚年天天閉關吃齋唸經，有一天妻子憐他老病而去探望他，他竟然大怒，認為妻子干犯他的齋禁，因此要把她送獄謝罪。周澤**「一歲三百六十日，三百五十九日齋」**已經很誇張，李白則連一日都不可無酒。他雖然不是個好丈夫，但還算有自知之明。

岑夫子，丹丘生，將進酒，杯莫停。與君歌一曲，請君為我傾耳聽。

「岑夫子」是指岑勛，「丹丘生」即是道士元丹丘，二人皆是李白的相知好友，可參考另一首〈酬岑勛見尋就元丹丘對酒相待，以詩見招〉：**「不以千里遙，命駕來相招。中逢元丹丘，登嶺宴碧霄。對酒忽思我，長嘯臨清飆。」**

通常與朋友酬答的詩會將朋友的名字寫在詩題中，〈將進酒〉則更進一步將朋友的名字直接寫入詩中，感覺非常親切。如果不是李白這樣寫作，千年後誰還會知道有岑勛這位古人呢？而且李白還滿喜歡這種寫法的，他晚年的這兩首詩，也讓我們知道曾經有一位重視友情的汪倫，以及一位擅長釀酒的紀叟：

贈汪倫　　李白

李白乘舟將欲行，忽聞岸上踏歌聲。

桃花潭水深千尺，不及汪倫送我情！

哭宣城善釀紀叟[146]　**李白**

紀叟黃泉裡，還應釀老春。
夜臺無曉日，沽酒與何人？

接下來**「將進酒，杯莫停」**，〈將進酒〉這個漢樂府古詞名要特別補充解釋。「將」有三種讀音：「ㄐㄧㄤ」、「ㄐㄧㄤˋ」、「ㄑㄧㄤ」。其中讀「ㄐㄧㄤˋ」時最為單純，指軍階如「上將」、泛指軍官如「大將」、「猛將」，或是團隊中的一員如「主將」，這裡顯然不是這個意思。有些人認為這首勸酒歌應該唸「ㄑㄧㄤ」，取其「請求」之義，如《詩經．衛風．氓》：**「將子無怒，秋以為期。」**則「將進酒」即為「請進酒」。不過《教育部重編國語辭典修訂本》則標為「ㄐㄧㄤ」進酒，這本辭典中的「ㄐㄧㄤ」有「又、且」之義，如「將信將疑」，及《詩經．小雅．谷風》：**「將恐將懼，維予與女。」**若取此義，則「將進酒」即為「且進酒、又喝酒」。我想李白喝酒還是隨興一點用「且進酒」的意思吧，他可不會正襟危坐的喝酒。例如下面這首詩，他用了陶淵明的典故[147]，大意是說我喝醉了想睡覺，你就先回家吧，如果明天還想喝，再帶著琴來找我唱歌啊（果然是書呆子，喝醉了還會想到抄兩句陶淵明）：

山中與幽人對酌　李白

兩人對酌山花開，一杯一杯復一杯。
我醉欲眠卿且去，明朝有意抱琴來。

而且「且進酒」之後，李白還有話想說，跟下文念起來比較順：**「杯莫停。與君歌一曲，請君為我傾耳聽。」**不過這句話念起來有點悲傷，因為願意為他「傾耳聽」的人可真少。他到底想說什麼呢？

李白的文章中曾一說再說，例如二十九歲左右寫的〈代壽山答孟少府移文書〉，信中說他想要**「申管、晏**（管仲和晏嬰。皆春秋時齊國名相。）**之談，謀帝王之術。奮其智能，願為輔弼，使寰區大定，海縣清一。事君之道成，榮親之義畢，然後與陶朱、留侯**[148]**，浮五湖，戲滄洲，不足為難矣。」**大意是他想輔佐皇帝澄清海內，然後像范蠡、張良一樣功成身退。雖然這麼說有點像書呆子，一點功績都沒有，卻開口就自比管仲和晏嬰。

不過他後來再寫〈上安州裴長史書〉請求推薦，倒是知道要客氣一點，把對方先捧得高高的：「**賓朋何喧喧？日夜裴公門。願得裴公之一言，不須驅馬埒華軒。**」只要裴公一句話推薦，我就不需要去皇宮求見了。

更著名的文章是李白三十四歲左右寫的〈與韓荊州書〉：「**生不用封萬戶侯，但願一識韓荊州。**」這位韓荊州就是後來要推薦孟浩然赴朝任官，卻被孟浩然放鴿子的韓朝宗。這兩句話也留下了「識荊」這個形容見到仰慕已久人物的詞。題外話，信中李白自陳「**雖長不滿七尺，而心雄萬夫**」，我想如果只差一二寸，不會說身高不滿七尺，所以李白的身高應該差了二寸以上，依照唐尺算來，李白約當一百六十五公分。

不過這兩封信都如石沉大海，裴長史、韓荊州都沒打算推薦李白入仕。「**請君為我傾耳聽**」，真是個奢侈的願望。

即使沒人聽他訴說他的雄圖大志，李白仍然不斷唱著自己的歌，歌詞都是「功成身退」的願望。例如：「**功成拂衣去，歸入武陵源。**[149]」「**若待功成拂衣去，武陵桃花笑殺人。**[150]」為國家社會做出貢獻之後，他就會拍一拍衣袖，去尋找陶淵明筆下的桃花源，隱居數百年。

如果李白像孟浩然一樣認清自己的性格不適合官場，也學孟浩然**「紅顏棄軒冕，白首臥松雲」**，或許是最好的選擇吧。他在〈代壽山答孟少府移文書〉中除了說自己試圖**「申管、晏之談，謀帝王之術。奮其智能，願為輔弼」**，不也說自己願意**「欲倚劍天外，掛弓扶桑。浮四海，橫八荒，出宇宙之寥廓，登雲天之渺茫」**，在天地之間自在遨遊嗎？

但李白仍然看不開，既然一般官員不理他，他乾脆去京城謁見宰相張說。不過張說生病，他只見到其子張垍（ㄐㄧˋ）。李白這時雖然才三十歲，但已經名滿天下了，因此才得到張垍的接見。

另外，李白也想認識一向賞識文人的玉真公主，幾年前王維就是經由玉真公主推薦而高中狀元。不過李白又無心科舉考試，玉真公主見他這個平民布衣做什麼呢？因此公主只將李白安置於別館，讓他碰個軟釘子。

李白在公主別館等了又等，就是等不到公主召見，心情苦悶之下寫了二首詩[151]向張垍訴苦，詩中說：**「彈劍謝公子，無魚良可哀。」「丹徒布衣者，慷慨未可量。何**

時黃金盤，一斛薦檳榔。功成拂衣去，搖曳滄洲傍。」

兩首都是將他「功成拂衣」的心願再說一次，大意是雖然我只是個布衣平民，但是不能小看我，我的前途不可限量。等我建立功業之後，就會逍遙江湖。

這裡用了兩個典故。其一是前一章王昌齡詩中，提過的戰國「馮諼客孟嘗君」的故事：馮諼寄食在孟嘗君門下，雖然看不出有什麼本事，倒是挺會抱怨的。他會倚著柱子、彈著劍唱歌：「沒有魚可以吃，長劍啊，我們回家吧。出門沒有車子可以坐，長劍啊，我們回家吧。」其他門客都在笑他，只有孟嘗君滿足他一切的要求。日後，孟嘗君就是靠馮諼逃過一場劫難。

其二是東晉末年的劉穆之[152]，他曾經窮困至必須到妻子江氏的兄弟家乞食，有一次他吃完飯還想要幾顆檳榔來吃，江氏兄弟笑他：「檳榔是吃飽後幫助消化的，你整天餓肚子，哪須吃什麼檳榔啊！」後來劉穆之當上了丹陽尹，便要人取黃金盤盛了檳榔，與江氏兄弟一起吃，大家盡釋前嫌。劉穆之赴任之後，盡力輔佐後來建立南朝宋的劉裕。

李白這次倒是不自比為范蠡、張良了，而是舉了馮諼和劉穆之為例，可能他當時也受了許多人的嘲笑。我只要想到一向「飛揚跋扈」的李白，竟然會舉這兩個例子，都替他難過。

不過詩中也寫了「丹徒布衣」，這就有趣了。「丹徒布衣」是指劉裕麾下的猛將諸葛長民[153]，長民的弟弟勸他趁劉裕在外征戰時謀反，長民猶豫不決的說：**「貧賤常思富貴，富貴必履危機。今日欲為丹徒布衣，豈可得也！」**平民的生活是再也回不去了。李白這個書呆子雖然很愛引經據典，但這個例子用在自己身上倒是挺奇怪的。諸葛長民跟他唯一的共同點，只有出仕前都是布衣。而且李白如果有好好思考諸葛長民**「貧賤常思富貴，富貴必履危機」**這句話，或許可以免除他未來的災難吧！

總之，李白這次的長安行一事無成，最後寫下了這首〈長相思〉，可能是藉此向玉真公主告白，**「美人如花隔雲端」**，公主不理他，讓他只能在長安絕望的**「摧心肝」**：

長相思　李白

長相思，在長安。

絡緯秋啼金井闌，微霜淒淒簟色寒。
孤燈不明思欲絕，卷帷望月空長嘆。
美人如花隔雲端。
上有青冥之高天，下有淥水之波瀾。
天長路遠魂飛苦，夢魂不到關山難。
長相思，摧心肝。

接下來很多年，李白都是過著浪遊、返家、浪遊、返家的生活。雖然四處投石問路都沒有得到回音，不過他從未喪失積極入世的心情。

例如他離開京城去到宋城參訪梁園時，寫下〈梁園吟〉：**「人生達命豈暇愁，且飲美酒登高樓。」**哪有時間憂愁呢？每天都忙著登樓飲美酒呢！「達命」的概念來自《莊子．列禦寇》：**「達大命者隨，達小命者遭。」**「大命」指天命，「小命」為個人命運，意思是通達天地運行的道理，則無論個人遭遇什麼命運都能隨遇而安。詩中結語云：**「東山高臥時起來，欲濟蒼生未應晚。」**這裡用了東晉謝安「東山再起[154]」

的典故，意思是他總有一天會受到朝廷重用，如《孟子．盡心上》所說：**「窮則獨善其身，達則兼善天下。」**

從這裡也可以看出李白的思想性格兼具儒、道二面，看他的心境及情境可以隨時取用。而且李白寫詩很喜歡以古人自比，李白的詩讀多了，大概可以認識全部唐代之前曾經懷才不遇後來大展鴻圖的人。順道一提，這首詩也有實用的一面。有一次我吃楊梅時，覺得又苦又酸很難入口，突然想到李白〈梁園吟〉說**「玉盤楊梅為君設，吳鹽如花皎白雪」**，便沾了鹽再吃，果然好吃多了。

李白雖然長年在外，但他還滿常寄詩給妻子，表達他的思念之情，這在唐代詩人比較少見。例如〈寄遠十二首〉（其六）就寫：**「遙將一點淚，遠寄如花人。」**寫法類似孟浩然〈宿桐廬江寄廣陵舊遊〉：**「還將兩行淚，遙寄海西頭。」**詩人寄的不是信，他們寄淚。

下面這首詩則是猜想妻子的心情：

寄遠十二首（其八）　李白

憶昨東園桃李紅碧枝，與君此時初別離。
金瓶落井無消息，令人行嘆復坐思。
坐思行嘆成楚越，春風玉顏畏銷歇。
碧窗紛紛下落花，青樓寂寂空明月。
兩不見，但相思。空留錦字表心素，至今緘愁不忍窺。

大意是她想起分別時家園的桃花、杏花是那般爛漫，然而丈夫一去便如金瓶落井，毫無消息。兩人或許相隔楚越兩地，她日日嘆息，也日漸衰老。如今只能在碧窗下看著落花，在閣樓空對明月。兩不見，但相思，丈夫離開時雖然留下了書信，只是至今仍不忍打開來看。

詩中「如花人」和「碧窗下」的感情及場景，可以與唐末韋莊的這首詞一併閱讀，不過韋詞是以男性視角來寫。幸運的是李白最後回家了，而韋莊卻因戰亂而永遠回不了家：

菩薩蠻　唐末五代・韋莊

紅樓別夜堪惆悵，香燈半卷流蘇帳。殘月出門時，美人和淚辭。
琵琶金翠羽，弦上黃鶯語。勸我早歸家，綠窗人似花。

李白年約三十七歲時，得一子名「伯禽」。然而，四十歲時妻子許氏就過世了。可能因為李白是入贅的身分，他也因此離開許家，搬家到任城（今山東省濟寧市），後與一魯女生下次子「頗黎」。同時與孔巢父等六人隱居於徂徠山，號稱「竹溪六逸」。

李白這樣東奔西走多年，也不是毫無收穫，他不僅結識了王昌齡、崔宗之、元演等好友，而且還能天天飲酒。詩中看來他對酒器還滿重視的：**「鸕鶿杓，鸚鵡杯。百年三萬六千日，一日須傾三百杯。」「舒州杓，力士鐺，李白與爾同死生。**[155]**」**相較之下，杜甫即便當官時也只能**「日日典春衣」**，典當衣服換酒，那就寒酸多了。

這些年來，他除了尋找出仕的機會，也時常尋仙訪道，留下〈贈嵩山焦鍊師〉**「願同西王母，下顧東方朔。紫書**（道家的書）**倘可傳，銘骨誓相學」**、〈題隨州紫陽先生壁〉「**終願惠金液，提攜凌太清**」等詩。第二首詩中的主角是當時道教茅山宗的重要人物胡紫陽，也就是李白好友元丹丘的師父。李白非常傾慕紫陽真人，他在〈憶舊遊寄譙郡元參軍〉曾回憶與他的交往：「**紫陽之真人，邀我吹玉笙。餐霞樓上動仙樂，嘈然宛似鸞鳳鳴。**」後來李白能得唐玄宗召見，便與此有關。

此時期唐玄宗御註老子《道德經》，並下令於各地建玄元（老子）廟，後來的太清宮、太徽宮、紫極宮等皆是老子廟，由此可見玄宗對於道家與道教的重視，也可能是因為大唐李氏視老子李耳為其遠祖。元丹丘這時已是天下知名的道士，奉詔入朝為「道門威儀156」。

鐘鼓饌玉不足貴，但願長醉不願醒。
古來聖賢皆寂寞，唯有飲者留其名。

「鐘鼓」為王公豪門宴會時的樂器，「饌」為食物，一般形容美食為「美饌」，不過李白更進一步說是「玉饌」，那就更加珍貴了，甚至也不是玉饌，而是「饌玉」，以玉為食物，則豪奢無以復加。但是李白又說，這些都「不足貴」！他只願每日長醉，不願清醒面對這個世界。為什麼呢？李白是一介平民，即使他再怎麼會生財，平日也不可能「鐘鼓饌玉」，這應該是他出入王侯之門的感想吧——或許是受到委屈了。

玄宗天寶元年（七四二年），李白四十二歲，此時玉真公主已出家為女道士，號「持盈法師」。因元丹丘與玉真公主兩位道門人士的大力推薦，玄宗終於詔命李白入京[157]。

李白接到詔書一喜之下，寫了這首開心到有點得意忘形的詩：

南陵別兒童入京　　李白

白酒新熟山中歸，黃雞啄黍秋正肥。呼童烹雞酌白酒，兒女嬉笑牽人衣。
高歌取醉欲自慰，起舞落日爭光輝。遊說萬乘苦不早，著鞭跨馬涉遠道。
會稽愚婦輕買臣，余亦辭家西入秦。仰天大笑出門去，我輩豈是蓬蒿人！

大意是從山中遊玩歸家，白酒已釀熟，而黃雞正肥，便叫家中僮僕殺雞備酒，兒女一聽也牽著我的衣服嬉笑。這麼開心的日子就是要高歌喝到大醉，就著落日光輝再舞一場。怎麼不讓我早一點去輔佐萬乘君主呢？想要立即快馬加鞭馳向遠方。漢朝時朱買臣在任命會稽太守前，他那愚蠢的妻子也輕視他，如今我也要離家西入長安。仰天大笑出門去，我豈是平常鄉野蓬蒿之人！

據說[158]朱買臣家貧而好讀書，他的妻子羞於這種生活而求去，買臣跟她說：「我五十歲就會富貴了，現在已經四十幾歲，妳再跟著我辛苦幾年吧！」沒想到妻子回他：「你這種貨色，最後一定是餓死在水溝中，怎麼可能富貴？」幾年後買臣果然受到漢武帝的賞識，先拜中大夫，再拜會稽太守。

詩中的「會稽愚婦」或許是泛指所有看不起他的人，也或許是家中這位魯女不像已故的許氏夫人一樣可以了解他的鴻圖壯志。

但是李白哪來的自信，既認為**「鐘鼓饌玉不足貴」**，又認定自己**「豈是蓬蒿人」**呢？這當然沒有標準答案，不過我想，他的名字應該給了他足夠的自信。

據說李白是十六國時期西涼武昭王李暠的九世孫，大唐李氏亦是李暠的後人，所以李白為皇室宗親[159]。李白家族不知何故獲罪，因此謫居碎葉（位於今吉爾吉斯）。李白約五歲時，即中宗神龍元年（七〇五年），全家才回到蜀地。母親生下李白前夕，道教中的太白金星（或稱長庚星君）入夢，因此他名「白」，字「太白」。太白金星為何這麼重要？《史記正義》：**「天官占云：『太白者，西方金之精，白帝之子，上公，大將軍之象也。**[160]**』」**他們家正是從西域回到中原，剛好說明李白是「西方金之精」啊！

試想一下，如果你從小就知道自己名字的由來，偏偏又很會唸書寫作，自己的才華又很快就受到肯定，你會不會認為自己應該位列上公、大將軍？而且你相信自己是皇室宗親，又怎麼會認為自己是「蓬蒿人」？所以，幫小孩取名字真的很重要，旁人每天叫喚，自己每天使用，應該就慢慢進入自己的潛意識了。

總之，與王維同年紀的李白再次回到長安，此時王維已是從七品官員左補闕。雖然比王維入仕晚了二十年，但是他初入宮時的風光，可一點都不輸王維。

李白到了京城後，先在長安紫極宮見了太子賓客賀知章。現代人多數只知道賀知章寫過〈回鄉偶書〉**「少小離家老大回，鄉音無改鬢毛衰」**，但他當時可是正三品的大官，可謂德高望重；而且為人可能有些狂氣，因此號「四明狂客」。據李白後來所寫〈對酒憶賀監二首〉詩序云：「**太子賓客賀公，於長安紫極宮一見余，呼余為『謫仙人』，因解金龜換酒為樂。**」其中「金龜」為三品以上官員的飾品，賀知章一見到李白太開心了，可能身上恰好沒有銀兩，便解下金龜換酒與李白同樂——果然是狂客啊，不知道嗑了什麼。

賀知章見過李白後，再向玄宗推薦，玄宗因此立刻下詔李白進金鑾殿[161]。

我比較好奇：為何李白一到長安就先去見賀知章？賀知章這個三品大官為何要接見這個仍無官職在身的布衣，並且對他讚譽有加？我想這仍跟道教有關，元丹丘與玉真公主會推薦李白入朝，是因為他們同是道友，而賀知章呢，從李白寫給賀知章的詩中「**真訣自從茅氏得**[162]」、「**狂客歸四明，山陰道士迎**[163]」可知，賀知章與胡紫陽、元丹丘同樣都與茅山派道士有淵源，而此時玄宗正是篤信道教。所以李白可能是當時與道教有淵源的人之中，最有才華的一位，他們才會齊力推薦李白入朝。因此，李白雖然兼具儒家、道家、縱橫家等思想流派，但總算藉著道家一脈而踏上仕途了。

李白一進宮，那更是不得了。據說李白一入宮，玄宗就下車步行迎接他，彷彿見到秦末隱士「商山四皓」那般看重李白。更有甚者，皇上賜李白在七彩寶石裝飾的名貴坐榻上用餐。這樣還不夠誇張，玄宗還「御手調羹」幫李白準備餐點。李白以一介布衣，初次晉見皇上，何德何能得此隆重對待？玄宗說了：**「卿是布衣，名為朕知，非素蓄道義，何以及此？**[164]**」**既然朕會聽到你的名字，可見你一定是道義之士。這話也沒錯，文武百官為了自己的前途和身家性命著想，一定不敢胡亂推薦一個平民來見皇上。

不過玄宗畢竟不是找李白來吃飯喝酒的，他接著問李白關於政務以及邊疆的看法。李白當場口若懸河，振筆疾書。玄宗這才認為李白名不虛傳，要他待詔翰林院，隨時等候皇上宣見，命他起草各種詔書[165]。

李白很快又寫了〈和蕃書〉和〈宣唐鴻猷〉二文[166]，玄宗更是認為他有真材實料。又有次玄宗出遊時，召李白前來，而李白正巧到王侯家飲酒。李白被人抬到玄宗面前時竟然已經半醉，不過玄宗要他寫一篇〈出師詔〉[167]，他不用打草稿，立刻就寫好了。李白此刻真可謂**「十年磨一劍**[168]**」**了，玄宗也認為以他的才幹，應該要許他當官「中書舍人」才是。

李白因此平步青雲了嗎？當然不可能，只要想想，你們公司部門或學校突然來了一個目中無人的天才，大家會怎麼看待他？大家會在老闆或老師面前稱讚他嗎？還是會聯合起來排擠他？

關於李白如何目中無人，後世有許多真假難辨的傳說。例如[169]當時的寧王李憲，本為唐睿宗李旦嫡長子，但是他將皇位讓給李隆基，也就是後來的唐玄宗。兄弟倆相處和睦，可以想見寧王地位之尊貴。以寧王的身分，家中當然有許多歌伎，其中一位最美麗又最會唱歌的寵姐，寧王從來不讓她見客。偏偏這次李白到寧王府中作客，仗著自己喝醉了就說：「聽說寵姐最會唱歌，寧王不要太小氣，何不讓寵姐出來唱一曲！」

寧王倒是給了李白面子，只教人設了七寶花障，讓寵姐在障幕後唱了一曲。李白雖然意猶未盡，但也知道不能得寸進尺，只好趕緊起身感謝寧王：**「雖不許見面，聞其聲亦幸矣。」**

另一件事更是盛傳。據說[170]玄宗寫了新的曲子，便召李白來填詞。李白呢，當然又喝醉了，竟然伸長了腳叫高力士幫他脫靴。

玄宗命人在他臉上灑水，他才清醒一些。李白說[171]：「剛才寧王邀我去喝酒，已經喝醉了，如果陛下不怪我亂寫的話，我才敢寫。」玄宗答應他：「儘管寫。」李白拿起筆想了一下，馬上寫出十首〈宮中行樂詞[172]〉，其中一首如下：

宮中行樂詞　李白

柳色黃金嫩，梨花白雪香。玉樓巢翡翠，金殿鎖鴛鴦。
選妓隨雕輦，徵歌出洞房。宮中誰第一，飛燕在昭陽。

大意是春色正好，翡翠鳥、鴛鴦都在宮殿中怡然自得。歌伎隨著皇上步出深宮內院，樂音飄揚。宮中誰最得寵呢？當然是如同漢朝昭陽殿趙飛燕的楊貴妃[173]。

〈宮中行樂詞〉這組詩的詩序寫：**「奉詔作。明皇坐沉香亭，意有所感，欲得白為樂章。」**另一組詩〈清平調三首〉同樣是在沉香亭所寫。據說宮中新得到紅色、紫色、淺紅色、白色等數本珍貴牡丹花，種植於興慶池東的沉香亭前。這天晚上，玄宗與貴妃在此賞花，梨園弟子奏樂之後，宮廷第一歌手李龜年準備唱歌助興，但是玄宗喊卡：「賞名花，對妃子，怎麼能唱舊詞呢？找李白來！174」

李龜年拉李白來的時候，想當然耳，李白又喝醉了，但還是馬上寫了三首詞。趁著醉意寫詩填詞，真是他的獨門絕招：

清平調詞三首　李白

雲想衣裳花想容，春風拂檻露華濃。若非群玉山頭見，會向瑤臺月下逢。

一枝紅豔露凝香，雲雨巫山枉斷腸。借問漢宮誰得似？可憐飛燕倚新妝。

名花傾國兩相歡，長得君王帶笑看。解釋春風無限恨，沉香亭北倚欄杆。

大意是雲像妳的衣裳、花像妳的容貌，春風吹拂著欄檻，牡丹的花露正濃。如果不是在西王母的群玉山頭，就是在瑤臺仙境才能見到妳這般的仙女。貴妃如一枝飽含香露的牡丹花，想那戰國的楚王與巫山神女相會之後，卻因無緣再會而只能枉自神傷斷腸。漢成帝寵愛的絕色趙飛燕，還得依靠新妝才能容光煥發，哪比得上天然紅豔的貴妃呢？牡丹名花和傾國美人兩相烘托，君王長帶笑容賞名花、對妃子。春風常帶來的無限春恨，都在此夜被融解消釋了，貴妃依靠著君王，而兩人一起依靠著沉香亭北面的欄杆。

這兩組詩都以趙飛燕比擬楊貴妃，據說[175]後來高力士因為對脫靴之恥耿耿於懷，所以跟楊貴妃說：「李白真是太過分了，竟然以魅惑漢成帝的趙飛燕比擬貴妃您！」楊貴妃這才恍然大悟，李白這個小小的翰林待詔原來是在笑她，然後貴妃才向玄宗說不能封李白官職。

那麼李白是有意識諷楊貴妃嗎？不可能！一方面「力士脫靴」的故事就不太可信，因為高力士乃是年輕時就助李隆基（即玄宗）奪權登基，後來又隨著玄宗南征北討，平定多場戰事。當時要上給玄宗的奏章都經由高力士過目，小事由高力士決定，大事才交由玄宗定奪，玄宗更曾說：**「力士當上，我寢乃安。[176]」**而且高力士連宰相李林甫和手握重兵的安祿山都不怕。玄宗曾想將天下事都交付給李林甫負責，但高力士勸玄宗：「不可以，天下的權柄不可假手他人，不然他建立威權之後，就沒有人敢提供建言了！」他也曾跟玄宗說：「北方安祿山的兵馬非常強悍，早晚會出事！」可惜的是這兩件事玄宗都沒聽高力士的建議。我們也由此可知，高力士每天都關心著國家興亡的大事，哪有空去理一個翰林待詔？玄宗也不可能讓李白在他眼皮底下做出羞辱高力士的事情。

另一方面，唐玄宗允文允武，楊貴妃此時也年逾四十，見多識廣，如果李白真有譏諷之意，不用等高力士向貴妃進讒言，玄宗早就命人將李白拖出去斬了。

不過從「御手調羹」和「力士脫靴」這兩個傳說，可以想見後人認為李白有多麼「飛揚跋扈」。然則身處皇宮，李白為何總是醉醺醺的，一副「**鐘鼓饌玉不足貴，但願長醉不願醒**」的模樣呢？

如果李白不是一個腦筋胡塗的酒鬼和自大狂，認為玄宗無論如何都會重用他，就是他已經認清仕途不可能有任何展望吧！前面我問「來了一個目中無人的天才，大家會怎麼看待他？」答案是：大家只會排擠他。

當然李白不是一入宮就意氣消沉，一開始他頗志得意滿，「**幸陪鸞輦出鴻都，身騎飛龍天馬駒。王公大人借顏色，金璋紫綬來相趨**[177]」，陪皇上出遊，身騎飛龍馬，王公大人都爭著要跟他攀談。他也照例寫了一些應制詩，如「**小臣拜獻南山壽，陛下萬古垂鴻名**[178]」、「**日出瞻佳氣，蔥蔥繞聖君**[179]」，或是期待能上戰場開疆闢土如「願

將腰下劍，直為斬樓蘭」、「**漢皇按劍起，還召李將軍**[180]」。

然後，或許隨著批評他的人愈來愈多，所謂「**醜正同列，害能成謗，格言不入，帝用疏之**[181]」，他也感到玄宗逐漸疏遠他。

李白〈翰林讀書言懷呈集賢諸學士〉一詩中說自己只是每天在翰林院讀書的書呆子，「**觀書散遺帙，探古窮至妙。片言苟會心，掩卷忽而笑**」，皇宮中可以讀到很多外面讀不到的書，常常讀到會心處，就會掩卷傻笑。「**本是疏散人，屢貽褊促誚**」，自己本來就是個不受拘束的人，不知道為何其他學士都譏誚（ㄑㄧㄠˋ）我褊促（褊，ㄅㄧㄢˇ。褊促：氣量狹小）。其實我只想「**功成謝人間，從此一投釣**」，也就是功成身退後，每日在溪邊釣魚。

李白可能對自己的處境無能為力，雖然他認為自己是管仲和諸葛亮：「**自言管葛竟誰許，長吁莫錯還閉關。**[182]」也認為自己將如東晉謝安東山拯濟蒼生：「**謝公終一起，相與濟蒼生。**[183]」但是啊，讀了這麼多聖賢書，又有何用呢？

「**古來聖賢皆寂寞，唯有飲者留其名。**」李白自知難再獲得玄宗重用，他也無法像王昌齡一樣在校書郎這個職位上忍耐七年，他只能與賀知章、汝陽王李璡、李適之、崔宗之、蘇晉、張旭、焦遂等人終日喝酒，這便是著名的「酒中八仙[184]」。杜甫雖然未能躬逢其盛，不過也在日後寫下這首詩：

飲中八仙歌　杜甫

知章騎馬似乘船，眼花落井水底眠。
汝陽三斗始朝天，道逢麴車口流涎，恨不移封向酒泉。
左相日興費萬錢，飲如長鯨吸百川，銜杯樂聖稱避賢。
宗之瀟灑美少年，舉觴白眼望青天，皎如玉樹臨風前。
蘇晉長齋繡佛前，醉中往往愛逃禪。
李白一斗詩百篇，長安市上酒家眠。天子呼來不上船，自稱臣是酒中仙。
張旭三杯草聖傳，脫帽露頂王公前，揮毫落紙如雲煙。
焦遂五斗方卓然，高談雄辯驚四筵。

其中寫李白那四句，真是將李白的翰林供奉生活，寫得活靈活現。

不過筵席終將散場。玄宗天寶三載（七四四年），八十餘歲的賀知章以老病為由，「少小離家老大回」，向皇上請辭返鄉，並出家為道士[185]。賀知章的送行宴非常隆重，玄宗不僅親率百官餞送，還賜御詩〈送賀知章歸四明〉一首[186]。李白也在百官行列，寫了兩首詩〈送賀監歸四明應制〉、〈送賀賓客歸越〉送行。同一年，玉真公主向玄宗請求去除公主名號，歸還府第家產[187]。

賀知章和玉真公主兩大靠山相繼離去，李白連飲酒都是孤獨的：

月下獨酌四首（其一）　李白

花間一壺酒，獨酌無相親。舉杯邀明月，對影成三人。
月既不解飲，影徒隨我身。暫伴月將影，行樂須及春。
我歌月徘徊，我舞影零亂。醒時同交歡，醉後各分散。
永結無情遊，相期邈雲漢。

雪上加霜的是張垍不時向玄宗進讒言[188]，數說李白的不是，李白無奈之下也只好自行請辭。玄宗大概也知道李白終究不是適合當官的人吧，**「天子知其不可留，乃賜金歸之**[189]**」**，因此賞賜了李白一筆資遣費，就讓他回家了。

不知道李白離宮時，是否會想起孟浩然？**「扁舟泛湖海，長揖謝公卿。且樂杯中物，誰論世上名。**[190]**」**如果李白像孟浩然一樣，玄宗叫他回家，他就真的回家當隱士，那麼李白的故事就結束了。只是，那就不是李白了。

剛出城門時，他說**「能言終見棄，還向隴西飛**[191]**」**，認為自己就像一隻能言善道、卻被主人遺棄的鸚鵡，只能飛回隴西的老家。

他也留詩〈東武吟[192]〉向翰林院同僚告別：**「歸來入咸陽，談笑皆王公。一朝去金馬，飄落成飛蓬。賓友日疏散，玉樽亦已空。才力猶可倚，不慚世上雄。」**大意是剛到京城時，鎮日往來談笑的都是王公貴冑。一旦離開宮城的金馬門，便如飛蓬四處飄零。朋友日漸疏遠，酒杯已經空了。不過我相信自己的才華仍能貢獻國家社會，不輸給世上的英雄豪傑。

這就是李白，他的酒杯仍是名貴的「玉樽」，他不會永遠喪氣，他仍然飛揚，雖然後人在〈東武吟〉中也讀到了「悲壯[193]」，便如杜甫回憶當年名動人主，後來卻潦倒江湖的詩〈莫相疑行〉：**「集賢學士如堵牆，觀我落筆中書堂。往時文采動人主，此日飢寒趨路傍。」**

我們接著念〈將進酒〉：

陳王昔時宴平樂，斗酒十千恣歡謔
主人何為言少錢，徑須沽取對君酌。
五花馬，千金裘，呼兒將出換美酒，與爾同銷萬古愁。

三國魏的陳王曹植〈名都篇〉寫**「歸來宴平樂，美酒斗十千」**，遊獵歸來，在洛陽的平樂觀飲宴，宴上一斗美酒就值一萬。李白借用了這個典故，大意是曹植在飲宴時，從不吝惜美酒，與賓客盡情歡笑。今天宴會的主人啊，何必說你錢太少呢？儘管去買美酒來吧，我還要跟你繼續喝呢！你的那些五花馬、千金裘，都叫你兒子拿去換美酒，我要跟你一起在酒中消除這萬古長愁。

李白就是這麼狂，這時已經反客為主了，竟然對主人頤指氣使的。不過這當然是因為「岑夫子、丹丘生」都是知交好友，彼此有足夠的信任，才能這麼口不擇言。

李白任翰林供奉時，每日出入皇宮及王侯之家，我想陳王般的豪邁場面應該是見慣了，大抵也實現了他「平交王侯」的心願。不過這一點，宋朝的陸游倒是頗有微詞。他說[194]李白的「**識度甚淺**」，他的詩如「**中宵出飲三百杯，明朝歸揖二千石**[195]」、「**揄揚九重萬乘主，謔浪赤墀金鎖賢**[196]」、「**王公大人借顏色，金章紫綬來相趨**[197]」、「**一別蹉跎朝市間，青雲之交不可攀**[198]」、「**歸來入咸陽，談笑皆王公**[199]」、「**高冠佩雄劍，長揖韓荊州**[200]」之類，根本就只是一個索客（清客）的格局。而且他以一介布衣得到「翰林供奉」這個職位，這簡直何足道哉，竟然還誇嘴「**當時笑我微賤者，卻來請謁為交歡**[201]」，唉，「**宜其終身坎壈也**」，難怪他終身不得志啊！

李白此次入朝，始終未獲得一個正式的官職，對比他接獲玄宗詔書時「**仰天大笑出門去，我輩豈是蓬蒿人**」的洋洋得意，陸游的批評也有些道理。不過，李白的處世態度就是「**人生得意須盡歡，莫使金樽空對月**」，這點倒是始終如一，他的〈把酒問月〉不也寫了：「**青天有月來幾時？我今停杯一問之。……唯願當歌對酒時，月光長照金樽裡。**」

離開長安後，李白重新展開他的浪遊生活。很快的，他就在洛陽結識小他十一歲的杜甫。唐朝最偉大的兩位詩人相遇，在後世看來當然是震古爍今的一件大事。不過在當時，這是微不足道的一件小事。李白才剛賜金放還，如今雖然名滿天下，卻是剛從人生高潮走向低谷。而杜甫呢，此時更是名聲未顯的一位年輕人。

看來杜甫很崇拜李白，他喜歡聽李白這位大哥說他在朝廷**「天子呼來不上船」**的經歷，而李白可能也需要一個年輕人每天聽他發發牢騷吧。他們倆人結伴同遊，先去了廣武古戰場，李白又發出豪語：**「撥亂屬豪聖，俗儒安可通。沉湎呼豎子，狂言非至公。撫掌黃河曲，嗤嗤阮嗣宗。**[202]**」**大意是只有豪聖能撥亂反正，世俗的讀書人可沒辦法。阮籍當年也曾登上廣武古戰場遙想楚漢相爭，他竟然敢說出**「時無英才，使豎子成名乎！**[203]**」**阮籍真是沒有見識，可笑啊可笑！

這番言論一出，杜甫可能更崇拜李白了。兩人遊到汴州時，又認識了後來的邊塞詩人高適，相見甚歡。因此這趟旅遊就從二人行發展到三人行，先去大梁登吹臺，再從宋州玩到單父，並同登單父臺。

杜甫對此次的旅遊念念不忘，後來還寫了詩回味不已：**「憶與高李輩，論交入酒**

壚。兩公壯藻思，得我色敷腴。氣酣登吹臺，懷古視平蕪。[204]」「昔者與高李，晚登單父臺。寒蕪際碣石，萬里風雲來。[205]」

同遊期間，李白也替一位隱士送行，他說：「**歲晚或相訪，青天騎白龍。**[206]」或許有一天會去拜訪你，希望我們可以在青天騎上白龍，也就是一起飛昇成仙。李、杜、高三人分手後，李白回到山東，請高天師如貴道士傳授道籙（道教的密文），他說：「**離心無遠近，長在玉京懸。**[207]」目前他心心念念的，只有何時能去天帝的玉京。

隔年，李杜兩人再次相遇，據說李白寫了一首詩調戲杜甫：

戲贈杜甫　　李白

飯顆山頭逢杜甫，頂戴笠子日卓午。
借問因何太瘦生，總為從前作詩苦。

大意是兩人相逢，杜甫在夏天正午時頭戴著斗笠出現。他問杜甫為何這麼瘦？是不是因為寫詩太辛苦了？

這首詩有可能是後人偽託李白所寫，所以《李太白文集》中未收錄[208]。不過這首詩能夠長久流傳，乃是因為維妙維肖的傳達出兩人性格的差異。杜甫說**「李白一斗詩百篇」**[209]，又說李白**「敏捷詩千首，飄零酒一杯」**[210]，只要給李白喝酒，詩句可是脫口而出、援筆立就。而杜甫為人拘謹，寫作也是字斟句酌，他自述**「陶冶性靈在底物，新詩改罷自長吟」**[211]，**「為人性僻耽佳句，語不驚人死不休」**[212]。兩人性格大不同，寫詩的風格當然也是，難怪後人為了李白和杜甫孰優孰劣而爭論多年。

秋天時兩人在魯郡分手，從此就再沒見過面了。分手數日後，李白寫了兩首詩給杜甫，而這也是李白詩集中唯二寫給杜甫的詩：

魯郡東石門送杜二甫　　李白

醉別復幾日，登臨遍池臺。何時石門路，重有金樽開？
秋波落泗水，海色明徂徠[213]。飛蓬各自遠，且盡手中杯！

沙丘城下寄杜甫　　李白

我來竟何事？高臥沙丘城。城邊有古樹，日夕連秋聲。
魯酒不可醉，齊歌空復情。思君若汶水，浩蕩寄南征。

大意都是很想念杜甫，希望有機會再跟他一起喝酒。相較於杜甫多年後仍相當思念李白，陸續寫了多首詩給他，杜甫此時就從李白的生命中淡出了。

四十六歲時，李白再遊宋城（今河南省商丘縣），並與前宰相宗楚客的孫女宗氏成婚，並於此安家。李白兩次正式成婚，夫人都是前宰相的孫女，或許只有這種累世官宦的人家，才能欣賞李白的抱負和才華吧。

而且，李白的壯志從未停歇，雖然有時仍會抱怨，**「雞聚族以爭食，鳳孤飛而無鄰[214]」**，**「無由謁明主，杖策還蓬藜[215]」**。然而，這些詩都只表明，他這隻鳳凰除了想飛去天上玉帝的玉京，也想飛去人間皇帝的京城，最著名的應該就是下面這首了：

登金陵鳳凰臺　李白

鳳凰臺上鳳凰遊，鳳去臺空江自流。吳宮花草埋幽徑，晉代衣冠成古丘。
三山半落青天外，一水中分白鷺洲[216]。總為浮雲能蔽日，長安不見使人愁。

大意是鳳凰早已遠去，就如當年的吳宮花草、晉代衣冠都已埋沒荒蕪。眼前遠望，唯見青天外的山丘，近看則只有江水中的白鷺洲。為何望不見天子所在的長安呢？可恨浮雲遮住了視線。古人常以「日」象徵天子，「浮雲蔽日」或許也有感嘆天子身邊充斥奸臣小人之意，如漢人陸賈《新語．慎微篇》所言：**「邪臣之蔽賢，猶浮雲之障日月也。」**

因為第二聯提到了晉代，念到末聯則不免想起東晉明帝的著名故事。

據說[217]晉明帝小時候坐在晉元帝膝上，元帝問他：「長安和太陽，哪個地方較遠？」

明帝答：**「日遠。不聞人從日邊來。」**

隔天元帝又問他同樣的問題，他改答案了：**「日近，舉目見日，不見長安。」**這裡就有離開故都千里的悲痛在內了。

不過關於李白這首詩，後人多著墨在與崔顥詩的比較。據說[218]李白至黃鶴樓遊玩時，本來想題首詩的，卻見到崔顥所題的詩，因此感嘆：**「眼前有景道不得，崔顥題詩在上頭。」**於是就斂手不寫了。後來到了金陵，才以同樣手法寫了這首重複三次鳳凰的〈鳳凰臺〉，大家可以比較一下崔顥重複三次黃鶴的詩：

黃鶴樓　唐・崔顥

昔人已乘黃鶴去，此地空餘黃鶴樓。黃鶴一去不復返，白雲千載空悠悠。

晴川歷歷漢陽樹，芳草萋萋鸚鵡洲。日暮鄉關何處是？煙波江上使人愁。

這個「眼前有景道不得」的故事同樣真假難辨，後來許多人發現初唐時的沈佺期也用過同樣寫作手法，而且他重複「龍」的次數更多，所以很難說李白就一定是模仿崔顥，供大家參考：

龍池篇　唐・沈佺期

龍池躍龍龍已飛，龍德先天天不違。池開天漢分黃道，龍向天門入紫微。

邸第樓臺多氣色，君王鳧雁有光輝。為報寰中百川水，來朝此地莫東歸。

李白這樣四處漫遊，離家三年時寫了〈寄東魯二稚子〉，看來他很想念兒女：

寄東魯二稚子　李白

吳地桑葉綠，吳蠶已三眠。我家寄東魯，誰種龜陰田？

春事已不及，江行復茫然。南風吹歸心，飛墮酒樓前。

樓東一株桃，枝葉拂青煙。此樹我所種，別來向三年。

桃今與樓齊，我行尚未旋。嬌女字平陽，折花倚桃邊。

折花不見我，淚下如流泉。小兒名伯禽，與姊亦齊肩。

雙行桃樹下，撫背復誰憐？念此失次第，肝腸日憂煎。

裂素寫遠意，因之汶陽川。

大意是他離家三年，當年種下的桃樹，現在應該跟房子一樣高了。嬌女平陽和小兒伯禽，現在看到桃花，應該會哭著想念我吧！誰來拍拍他們的背，安慰他們呢？

李白又不是因為當官宦遊而身不由己，無法決定自己會被派任去何處。既然想念兒女到了**「肝腸日憂煎」**的程度，為何不回家呢？我唯一能想到的原因，只有他是在外經商，當時又不像現在可以搭飛機返家探親，從吳地到東魯，一來一回就要耗掉大半年了。當然，李白不只寫信給兒女，他也寫詩給夫人，〈秋浦感主人歸燕寄內〉就說：**「寄書道中歎，淚下不能緘。」**

此時朝政日益敗壞，楊貴妃的家族則勢力日益龐大，其三姊分封為虢（ㄍㄨㄛˊ）國夫人、韓國夫人和秦國夫人，堂兄楊國忠也逐漸受到重用。相較之下，大唐的軍隊已不再橫掃千軍，反而連年損失慘重，如鮮于仲通討伐南詔大敗，死六萬人；哥舒翰攻石城堡，死者亦數萬人。同時，手握重兵的安祿山則封為東平郡王。

面為這種戰亂連連的世況，平日尋仙訪道，彷彿不食人間煙火的李白也忍不住寫下〈戰城南〉：**「去年戰，桑乾源；今年戰，蔥河道。洗兵條支海上波，放馬天山雪中草。萬里長征戰，三軍盡衰老。……士卒塗草莽，將軍空爾為。乃知兵者是凶器，**

聖人不得已而用之。」

玄宗天寶十一載（七五二年），李林甫卒，居相位凡十九年，任內不僅杜絕諫路，也建議[219]玄宗不應由文官領軍，因為文官不敢身先士卒，不如用蕃將，他們天生就會打仗。也因為這番建議，安祿山、高仙芝及哥舒翰等人才會成為大將；尤其是安祿山，更是幾乎掌握了北方的軍政大權。李林甫的建議不是為了大唐著想，而是這些不大識字的蕃將不可能當宰相，也就不會威脅到他的地位。

李林甫死後，新任宰相楊國忠更是一個不學無術的人。李林甫居相位已久，安祿山對其勢力多少有些忌憚，同時因為玄宗的確對安祿山恩遇有加，他本來打算等玄宗駕崩後再叛變[220]。但是現在換了整天跟玄宗說他壞話的楊國忠上位，他也被逼得要加緊腳步了。

李白既然始終有心入朝輔佐皇帝，這些朝中大事他自然也相當關心，但他卻無能為力，可能因此寫下這首憂心忡忡的詩：

遠別離　李白

遠別離，古有皇英之二女；乃在洞庭之南，瀟湘之浦。
海水直下萬里深，誰人不言此離苦？
日慘慘兮雲冥冥，猩猩啼煙兮鬼嘯雨。
我縱言之將何補？
皇穹竊恐不照余之忠誠，雷憑憑兮欲吼怒。
堯舜當之亦禪禹。君失臣兮龍為魚，權歸臣兮鼠變虎。
或云堯幽囚，舜野死。
九疑聯綿皆相似，重瞳孤墳竟何是？
帝子泣兮綠雲間，隨風波兮去無還。
慟哭兮遠望，見蒼梧之深山。
蒼梧山崩湘水絕，竹上之淚乃可滅。

前後的大意是舜之二妃為堯帝之女娥皇、女英，舜死在南方之後，二妃趕去南方，只見日色慘淡、猩啼鬼嘯，卻找不到舜的墳墓。帝子（皇、英二女）在蒼梧的竹林間慟哭，淚水撒上竹子，因此斑痕點點。只有蒼梧山崩、湘水斷絕，才能滅除竹上之淚痕。

必須特別說明的是中間一大段，李白說**「皇穹竊恐不照余之忠誠，雷憑憑兮欲吼怒」**，意即我只恐皇天（即皇上）不能明察我的忠誠，反而以雷聲怒吼來嚇退我。這兩句與李白〈梁甫吟〉的**「我欲攀龍見明主，雷公砰訇（ㄏㄨㄥ）震天鼓」**類似。

那麼李白到底想跟皇上說什麼？他聽說[221]當年堯帝不是主動禪位給舜，而是被舜所囚禁；另一方面，舜征戰南方而「野死」於蒼梧[222]也非常可疑，他是不是被身邊的權臣所害呢？

堯、舜的死因畢竟無法證實，李白最想提醒皇上的是這兩句：**「君失臣兮龍為魚，權歸臣兮鼠變虎。」**千萬不能將權柄交給身邊的大臣，否則龍將變為魚，而鼠將變為虎。李白引經據典只為說出這兩句。對照後來的歷史發展，我們的書呆子這次真的說對了。

後來李白又遊歷到了宣州，寫下著名的〈獨坐敬亭山〉：**「眾鳥高飛盡，孤雲獨去閒。相看兩不厭，只有敬亭山。」南宋辛棄疾〈賀新郎〉的名句應是從李白與山「相看兩不厭」得到靈感：「我見青山多嫵媚，料青山、見我應如是。」

另外，下面這首詩更可以看出李白的獨特性：

宣州謝朓樓餞別校書叔雲　李白

棄我去者昨日之日不可留，亂我心者今日之日多煩憂。

長風萬里送秋雁，對此可以酣高樓。

蓬萊文章建安骨，中間小謝又清發。俱懷逸興壯思飛，欲上青天攬明月。

抽刀斷水水更流，舉杯銷愁愁更愁。人生在世不稱意，明朝散髮弄扁舟。

大意是我雖然因時光流逝而內心煩憂，但卻不想辜負這個長風萬里的秋日，此時正好適合上高樓酣飲。遙想漢魏以來文人的建安風骨，以及東晉謝朓文章的清新發越，讓我們都興起豪情壯志，簡直想要飛上青天一攬明月。無奈啊，人生在世有諸多不如意，明天我還是解冠散髮，泛舟於江湖吧！

雖然煩憂，但是仍然飛揚，這就是李白。只是他也知道，即使希望「**呼兒將出換美酒，與爾同銷萬古愁**」，但是「**抽刀斷水水更流，舉杯銷愁愁更愁**」。所有歡暢的底蘊，都是無法消解的憂愁。

名滿天下的李白，此時遇見了一位瘋狂粉絲魏萬（後改名魏顥）。據說[223]魏萬因為仰慕李白，從嵩山一路尋訪到江東，走了三千里路才終於在廣陵找到李白。魏萬第一眼見到偶像的印象是：「**眸子炯然，哆**（ㄔㄜˇ，張口）**如餓虎，或時束帶，風流蘊藉。**[224]」眼睛明亮，精神極佳，乃是一風流蘊藉的翩翩名士風範。

李白與這位「太白粉」相見甚歡，他向魏萬說：「**爾後必著大名於天下，無忘老夫與明月奴**（李白兒子伯禽小名）。」並且將自己的所有詩文都交給魏萬，要他編纂成集。魏萬也因此從李白的粉絲，變身為李白的主編。

除了粉絲千里迢迢找不到他，他的夫人也找不到他。李白曾擬夫人的口氣寫詩〈自代內贈〉說：「**別來門前草，秋巷春轉碧。掃盡更還生，萋萋滿行跡。**」從秋天到春天，門前草愈來愈長，掃之不盡。後來宋秦觀〈八六子〉的用意類似：「**倚危亭，恨如芳草，萋萋剗盡還生。**」不過秦觀點明了「恨如芳草」除之不盡。李詩後面又說：

「妾家三作相（宗楚客三次為相）**，失勢去西秦。猶有舊歌管，淒清聞四鄰。」**雖然祖父曾三次登上宰相之位，而宗家已經沒落失勢，但妻子仍留有舊時的管樂，演奏時連鄰居都感到哀怨悲傷。

不過他們夫妻很快就重逢了。天寶十四載（七五五年），安祿山於范陽起兵，天下為之大亂。

此時，李白的門人武諤冒著戰亂危險，前往魯地接李白的子女南下[225]。李白則自己去宋城接宗夫人。這場戰事，也讓李白從每日飄飄欲仙，一次認清人間現實，如其〈古風五十九首〉（其十九）所言：**「西上蓮花山，迢迢見明星。素手把芙蓉，虛步躡太清。」「俯視洛陽川，茫茫走胡兵。流血塗野草，豺狼盡冠纓。」**

隔年，玄宗逃離長安，行至馬嵬坡，軍士譁變，玄宗不得已而殺楊國忠，並賜死楊貴妃。張垍則依附安祿山，並受封為宰相[226]。玄宗驚魂甫定，下詔要永王李璘領山南東路及嶺南黔中江南西路四道節度採訪使、江陵郡大都督，於江陵抗拒安史軍。太子李亨行至靈武，自行即位，即肅宗[227]，並尊玄宗為太上皇。

李白攜家帶眷、東奔西走，其間聽聞玄宗已至蜀地安頓下來，肅宗已即位，立刻寫了〈上皇西巡南京歌十首[228]〉向他心心念念的朝廷效忠，第十首寫：「**劍閣重關蜀北門，上皇歸馬若雲屯。少帝長安開紫極，雙懸日月照乾坤。**」上皇及少帝如天上的日月，一定能再次照耀世界。

李白和家眷終於平安到了廬山隱居之後，寫詩跟朋友說：「**明朝拂衣去，永與海鷗群。**[229]」為什麼是「明朝」不是「今朝」呢？意思是在此亂世，等他功成身退，就會當個每天跟海鷗為伍的隱士，也就是他這次隱居，只是在等待機會。

李白的機會很快就來了：永王三度下詔要李白當他的幕僚。李白此時已經五十六歲，這或許是他最後的機會？李白因此欣然赴任，並寫了〈別內赴徵三首〉，其二云：

別內赴徵三首（其二）　李白

出門妻子強牽衣，問我西行幾日歸。
歸時儻佩黃金印，莫學蘇秦不下機。

看來他的妻、子都反對他去投靠永王。戰國時蘇秦[230]十次上書秦王而不得秦王賞識，落得**「黑貂之裘弊，黃金百斤盡」**，歸家後，妻子不下紡織機，看都不看他一眼，嫂子不煮飯，父母也不跟他說話。後來他發憤讀書，成功遊說六國「合縱」對抗秦國，身掛六國相印，一時無雙。李白借用這個典故，他說夫人啊，怎知我不會像蘇秦一般身掛黃金印呢？我回家時，可不要像蘇秦之妻一樣只顧著紡織啊！孟浩然也用過這個典故說**「十上恥還家，徘徊守歸路」**，羞恥到不敢回家，看來他們都很想向家人證明自己的能耐。

李白出發前又寫詩〈贈韋秘書子春〉：**「謝公不徒然，起來為蒼生。」「留終與安社稷，功成去五湖。」**再次以東晉謝安「東山再起」比擬自己，真不知他是書呆子，或單純只是謝安的粉絲。總之，李白躊躇滿志的投入永王幕府，又逢永王引兵東巡，他乃上〈永王東巡歌十一首〉，我們只讀一首：

永王東巡歌十一首（其二）　李白

三川北虜亂如麻，四海南奔似永嘉。
但用東山謝安石，為君談笑靜胡沙。

大意是如今北虜安史軍橫行，四海之人皆如西晉亡國時的永嘉年間，紛紛南奔避難。這時只要啟用隱居東山的謝安，必可在談笑間為君王平定胡人戰馬揚起的塵沙。

李白在永王幕府，應該少不了**「陳王昔時宴平樂，斗酒十千恣歡謔」**的縱飲吧？不過永王雖然沒有陳王曹植般「才高八斗[231]」，卻如曹植般有心與兄長爭奪權位。永王倚恃江南富庶，擁兵自重，頗有割據一方之心。此時肅宗聽聞了永王的野心，便下詔要永王到蜀地覲見太上皇，但永王並未理會這封詔書。

還記得當年李白、杜甫、高適曾結伴同遊嗎？此後三人命運大不同，杜甫雖曾一度被安史軍所捕，但逃亡至肅宗的駐地，以其忠心耿耿受封為「左拾遺」。高適則由小小的封丘縣尉力爭上游，今時已任淮南節度使。

朝廷下令，高適與淮西及江東節度使來瑱、韋陟出兵討伐永王，不旋月，永王即兵敗被殺，李白則逃亡後被捕入潯陽獄。

或許李白妻宗氏夫人聽說李白被捕後，因其**「妾家三作相」**的人脈，四處設法營救丈夫，所以李白聽說後寫詩〈在潯陽非所寄內〉：**「聞難知慟哭，行啼入府中。多君同蔡琰，流淚請曹公。」**大意是我知道妳聽說我遇難的消息之後慟哭流涕，更如東漢蔡邕之女蔡琰一般，為了丈夫而流著淚去請曹操幫忙。

同時，李白也寫信給御史中丞相宋若思請求營救，其〈為宋中丞自薦表〉云：「**屬逆胡暴亂，避地廬山，遇永王東巡脅行，中道奔走。**」意思是他本來在廬山隱居避難，乃是在永王脅迫下才進入永王幕府。他後來也寫詩〈經亂離後天恩流夜郎憶舊遊書懷，贈江夏韋太守良宰〉說：「**半夜水軍來，潯陽滿旌旃。空名適自誤，迫脅上樓船。**」他是因為名氣太大，才會被永王脅迫帶上樓船的。

後人有一說[232]是李白曾有恩於大將郭子儀，因此在郭子儀力保之下得免死罪，僅須流放夜郎。王昌齡當年被貶謫時，李白寄詩表達同情：「**我寄愁心與明月，隨風直到夜郎西。**[233]」如今雖然王昌齡已逝，李白倒是真的要去夜郎了。肅宗也還滿有創意的，「夜郎」這個流放地的確很適合李白這個自大狂。

對照李白入永王幕府前後的詩看來，他不像被脅迫的。不過蘇軾倒是相信這點，他認為[234]高力士掌權之時，李白都可以叫他脫靴了，可見李白從來就不會依附權貴，怎麼可能這時會甘願依附永王？而且，就算是庸人也知道永王必敗，李白既然能慧眼知道郭子儀是個人傑，又怎麼可能看不出來永王是個庸才？因此蘇軾說：「**此理之必**

不然者也，吾不可以不辨。」

蘇軾可能錯了，在「識人」這點上，李白真的是個庸人。當年與李白共同隱居的「竹溪六逸」之一孔巢父，永王也曾因其名氣而想延攬，但是巢父一看就知道永王必敗，所以逃走了[235]。

後來，李白在流放夜郎途中走到了白帝城，因蒙肅宗大赦天下而得以回家。杜甫此時已十餘年沒見過李白，他聽到這個消息也非常高興，寫詩寄給李白：

不見　杜甫

近無李白消息

不見李生久，佯狂真可哀！世人皆欲殺，吾意獨憐才。
敏捷詩千首，飄零酒一杯。匡山讀書處，頭白好歸來。

大意是李白只是假裝狂傲，他是真心想要救濟蒼生。如今世人皆說李白投靠永王，其罪可殺，但我還是憐惜他的才華。他隨時都可以寫出一千首詩，如今只能江湖飄零酒一杯。李白啊，還記得當年你在匡山讀書的日子嗎？如今你已一頭白髮，該是回到家鄉的時候了。

杜甫真是李白一生的知己，雖然李白自己可能沒發現這件事。總之，李白遇赦後，寫下這首他晚年最著名的詩：

早發白帝城　李白

朝辭白帝彩雲間，千里江陵一日還。
兩岸猿聲啼不盡，輕舟已過萬重山。

這首詩歡快非常，大意是他一天之內，就聽著猿叫聲從白帝城回到了江陵。不過我怎麼看，李白都只是改寫北魏時酈道元《水經注》〈江水．三峽〉，果然是個書呆子，開心時只想到書中怎麼說：「或王命急宣，有時朝發白帝，暮到江陵，其間千二百里，雖乘奔御風，不以疾也……每至晴初霜旦，林寒澗肅，常有高猿長嘯，屬引淒異，空谷傳響，哀轉久絕。故漁者歌曰：巴東三峽巫峽長，猿鳴三聲淚沾裳。」

受此驚魂後，李白重新開啟尋仙訪道的生活，**「五嶽尋仙不辭遠，一生好入名山遊[236]」**。宗氏夫人不知是否受李白影響，同樣嚮往道士的生活，李白當然樂觀其成，曾送夫人去尋訪李騰空，留詩〈送內尋廬山女道士李騰空二首〉。李騰空乃前宰相李林甫之女，卻能不慕榮華，出家為道士。

李白晚年的遊歷生活，有一首詩值得一提。他到了涇縣水西寺時留詩〈遊水西簡鄭明府〉，開頭云：**「天宮水西寺，雲錦照東郭。清湍鳴迴溪，綠水遶飛閣。」**晚唐杜牧的名作〈念昔遊三首〉其三即以此為典故：**「李白題詩水西寺，古木回巖樓閣風。半醒半醉遊三日，紅白花開山雨中。」**直接將李白的名字寫入詩中，並且三日間半醒半醉，我想李白看到這首詩也會很高興的。

六十一歲時，李白還想去投奔李光弼，冀望能從軍立功，不過只能半途因病而返，留詩〈聞李太尉大舉秦兵百萬，出征東南，懦夫請纓，冀申一割之用，半道病還，留別金陵崔侍御十九韻〉。然後，他又到了宣城，看到蜀地多有的杜鵑花，這次李白不是想念謝朓，而是想念家鄉了，想念那個**「匡山讀書處」**的家鄉，寫下〈宣城見杜鵑花〉：**「蜀國曾聞子規鳥，宣城還見杜鵑花。一叫一迴腸一斷，三春三月憶三巴。」**

三巴為巴郡、巴西、巴東，皆為蜀地；子規鳥即杜鵑鳥，相傳為古蜀國望帝死後所化。

李白最後幾年寄宿於當塗的族叔李陽冰家中，一生看似飛揚跋扈，其實一生不得志。然後，他這隻大鵬也飛到了終點，寫下這首絕筆詩：

臨路歌[237]　**李白**

大鵬飛兮振八裔，中天摧兮力不濟。
餘風激兮萬世，遊扶桑兮掛石袂。
後人得之傳此，仲尼亡兮誰為出涕？

「路」可能是「終」的訛誤，因此「臨路歌」應為「臨終歌」。「石袂」（ㄇㄟˋ，衣袖）應為「左袂」之誤。大意是李白這隻大鵬已經受傷而力不從心了，即使如此，他的餘風仍可激盪萬世，只是無奈他東遊到了日出之國，卻讓扶桑樹絆住了他的衣袖，而無法振翅高飛。古人說「三不朽[238]」為立德、立功、立言，前兩者不是他所能掌控，但他也曾想效法孔子刪述《春秋》而立言，直至世道衰毀才停止，如孔子「絕

筆於獲麟」[239]。孔子聽說仁獸麒麟被捕而哭泣，孔子過世後誰又為他哭泣？如今又有誰為李白哭泣？

「與爾同銷萬古愁」，〈將進酒〉的最後一句如此寫。但是我知道，只要你還有心願尚未達成，這就是一個無法達成的悲願。王維的一生都在尋求「若有似無」的模糊，而李白呢，他是可以直上九萬里的大鵬，他很希望能看清楚答案。

大鵬鳥飛到了終點，中途他有很多次機會可以重新選擇未來，但是他仍堅持最初的理想。雖然飛揚跋扈，但這就是李白獨有的悲劇。

同場加映

杜甫寫給李白的詩有十餘首，但因為杜甫的生平太過波瀾壯闊，我們談到杜甫的生平時可能不會詳讀，趁此機會讀讀其中幾首吧！其中〈贈李白〉一首，清代楊倫《杜詩鏡銓》引蔣弱六云：**「是白一生小象。公贈白詩最多，此旨最簡，而足以盡之。」**意思是僅用四句詩就寫完了李白的一生。另外，我最喜歡〈寄李十二白二十韻〉的**「嗜酒見天真」**這句，李白啊，真是唐朝最天真的一位詩人。

春日憶李白　　杜甫

白也詩無敵，飄然思不群。清新庾開府，俊逸鮑參軍。
渭北春天樹，江東日暮雲。何時一樽酒，重與細論文？

杜甫稱讚李白因為思想與眾不同，所以他的詩才能天下無敵，清新如北朝北周的庾信，俊逸如南朝宋的鮑照。何時能再跟李白喝一樽酒，詳細討論兩人的詩文呢？五、六兩句是本首的名句，意謂杜甫在渭北長安看著春天的樹木想念李白，想必李白也在江東對著日暮的雲彩想念自己吧！我不確定杜甫是不是自作多情對著樹洞念詩，不過最後兩句倒是有一個有趣的解釋。宋人羅大經在《鶴林玉露》說，李白和杜甫會寫詩互相譏諷挖苦，李白說杜甫**「借問因何太瘦生，總為從前作詩苦」**，「苦」就是譏他太愛雕琢文字。杜甫這首詩說**「何時一樽酒，重與細論文」**，「細」是杜甫反擊李白，譏他寫詩太欠縝密。我想這個說法有點牽強，一方面李白那首詩不確定真偽，而杜甫既然說李白「詩無敵」，應該不可能在結尾還要暗酸李白。

贈李白　**杜甫**

秋來相顧尚飄蓬，未就丹砂愧葛洪。

痛飲狂歌空度日，飛揚跋扈為誰雄。

李白啊，你求仕不成，如今仍如蓬草一樣四處飄盪；求仙也不成，真是愧對東晉煉丹長生的葛洪。我想杜甫能寫出**「痛飲狂歌空度日，飛揚跋扈為誰雄」**這兩句這麼沉痛的詩，應該也是說出自己的心聲吧。

寄李十二白二十韻　杜甫

昔年有狂客，號爾謫仙人。筆落驚風雨，詩成泣鬼神。
聲名從此大，汩沒一朝伸。文彩承殊渥，流傳必絕倫。
龍舟移棹晚，獸錦奪袍新。白日來深殿，青雲滿後塵。
乞歸優詔許，遇我宿心親。未負幽棲志，兼全寵辱身。
劇談憐野逸，嗜酒見天真。醉舞梁園夜，行歌泗水春。
才高心不展，道屈善無鄰。處士禰衡俊，諸生原憲貧。
稻粱求未足，薏苡謗何頻。五嶺炎蒸地，三危放逐臣。
幾年遭鵩鳥，獨泣向麒麟。蘇武先還漢，黃公豈事秦。

楚筵辭醴日，梁獄上書辰。已用當時法，誰將此義陳。
老吟秋月下，病起暮江濱。莫怪恩波隔，乘槎與問津。

這首詩寫於李白因永王事而入獄之後，詳細說明了李白一生的遭遇，但因為用了相當多的典故，所以較不易閱讀，但李白這個書呆子一定能懂。詩先以「四明狂客」賀知章稱李白為「謫仙人」，並大讚他的詩足以「泣鬼神」開頭，接續談他備受玄宗禮遇，卻因讒言而賜金放還。遇見杜甫之後，兩人一見如故，痛飲高歌。李白才華如東漢禰衡、貧窮卻如孔子弟子原憲。他絕不是貪圖永王的富貴，這種說法便如東漢馬援的「薏苡之謗」，但他卻因此被流放遠地。古人以為不祥的鵩鳥這幾年一直跟著李白，世道衰微，他只能獨自對著「仁獸」麒麟哭泣。西漢蘇武在北海牧羊多年終於歸漢，秦末隱士「商山四皓」夏黃公豈會為秦國做事？李白就如西漢辭官不受的穆生，他乃是被逼入永王幕府；而他下獄後，也如西漢鄒陽上書為自己辯誣。如今李白雖已老病，仍每日在月下、江濱吟詩。你可不要怪為何不再受皇上恩寵，而要乘著槎（木筏）問清楚通往朝廷的渡口啊！

天末懷李白　杜甫

涼風起天末，君子意如何？鴻雁幾時到，江湖秋水多。
文章憎命達，魑魅喜人過。應共冤魂語，投詩贈汨羅。

這首詩可能是李白流放獲赦後所寫，五、六兩句是名句。大意是天邊吹起一陣涼風，君子李白啊，你現在還好嗎？鴻雁不知幾時才能帶著我的書信給你，一路上正是江湖風波多的秋天。或許命運通達平順的人寫不出好文章，而魑魅小人最喜歡看見君子犯錯。你只能對著汨羅江中的冤魂傾訴，向江中投下一首詩贈給屈原吧！

註釋

117 南朝梁．沈約《宋書．宗慤傳》。
118 見李白〈上安州裴長史書〉。
119 見唐．劉全白〈唐故翰林學士李君碣記〉。
120 唐．孟棨《本事詩》：「（李白）出〈蜀道難〉以示之。（賀知章）讀未竟，稱歎者數四，號為『謫仙』，解金龜換酒，與傾盡醉。期不間日，由是稱譽光赫。賀又見其〈烏棲曲〉，嘆賞苦吟曰：『此詩可以泣鬼神矣。』」
121 杜甫〈寄李十二白二十韻〉。
122 唐．李賀〈感諷五首〉（其二）。
123 宋．李清照〈永遇樂〉（落日熔金）。
124 見宋．計有功《唐詩紀事》：「隱居戴天大匡山，往來旁郡，依潼江趙徵君蕤。蕤亦節士，任俠有氣，善為縱橫學，著書號《長短經》。太白從學歲餘。」
125 見李白〈上安州裴長史書〉：「前禮部尚書蘇公（頲）出為益州長史，白於路中投刺，待以布衣之禮。因謂群寮曰：『此子天才英麗，下筆不休，雖風力未成，且見專車之骨。若廣之以學，可以相如比肩也。』」
126 《莊子．逍遙遊》：「北冥有魚，其名為鯤。鯤之大，不知其幾千里也。化而為鳥，其名為鵬。鵬之背，不知其幾千里也；怒而飛，其翼若垂天之雲。是鳥也，海運則將徙於南冥。南冥者，天池也。齊諧者，志怪者也。諧之言曰：『鵬之徙於南冥也，水擊三千里，摶扶搖而上者九萬里，去以六月息者也。』」
127 《新唐書．禮樂志》：「（唐太宗貞觀二年）升孔子為先聖，以顏回配。四年，詔州、縣學皆作孔子廟。十一年，詔尊孔子為宣父，作廟於兗州，給戶二十以奉之。」
128 《論語．子罕》：「後生可畏，焉知來者之不如今也！」
129 李白〈別匡山〉。
130 見唐．魏顥〈李翰林集序〉。

131 孟浩然〈晚泊潯陽望廬山〉。

132 見宋．蘇軾《東坡志林》。

133 李白〈淮南臥病書懷寄蜀中趙徵君蕤〉。

134 詩中「明月光」一作「看月光」；「望明月」一作「望山月」。

135 宋．嚴羽《滄浪詩話》：「觀太白詩者，要識真太白處。太白天才豪逸，語多卒然而成者。」

136 清．劉熙載《藝概．詩概》：「海上三山，方以為近，忽又是遠。太白詩言在口頭，想出天外，殆亦如是。」

137 李白〈經亂離後天恩流夜郎憶舊遊書懷贈江夏韋太守良宰〉。

138 李白〈上安州裴長史書〉：「曩昔東遊維揚，不逾一年，散金三十餘萬。有落魄公子，悉皆濟之。」

139 李白〈答王十二寒夜獨酌有懷〉。

140 李白〈冬夜於隨州紫陽先生餐霞樓送煙子元演隱仙城山序〉：「吾不凝滯於物，與時推移，出則以平交王侯，遁則以俯視巢、許。」

141 《史記．高祖本紀》：「高祖為人，隆準而龍顏，美鬚髯。……西過高陽。酈食其謂（為）監門，曰：『諸將過此者多，吾視沛公大人長者。』乃求見說沛公。沛公方踞床，使兩女子洗足。酈生不拜，長揖，曰：『足下必欲誅無道秦，不宜踞見長者。』於是沛公起，攝衣謝之，延上坐。」《史記．酈食其傳》：「初，沛公引兵過陳留，酈生踵軍門上謁曰：『高陽賤民酈食其，竊聞沛公暴露，將兵助楚討不義，敬勞從者，願得望見，口畫天下便事。』使者入通，沛公方洗，問使者曰：『何如人也？』使者對曰：『狀貌類大儒，衣儒衣，冠側注。』沛公曰：『為我謝之，言我方以天下為事，未暇見儒人也。』使者出謝曰：『沛公敬謝先生，方以天下為事，未暇見儒人也。』酈生瞋目案劍叱使者曰：『走！復入言沛公，吾高陽酒徒也，非儒人也。』使者懼而失謁，跪拾謁，還走，復入報曰：『客，天下壯士也，叱臣，臣恐，至失謁。曰「走！復入言，而公高陽酒徒也。」』沛公遽雪足杖矛曰：『延客入！』」

142 杜甫〈春日憶李白〉。

143 李白〈上安州裴長史書〉：「郡都督馬公，朝野豪彥，一見盡禮，許為奇才。因謂長史李京之曰：『諸人之文，猶山無煙霞，春無草樹。李白之文，清雄奔放，名章俊語，絡繹間起，光明洞徹，句句動人。』」

144 李白〈上安州裴長史書〉：「見鄉人相如大誇雲夢之事，云楚有七澤，遂來觀焉。而許相公家見招，妻以孫女，便憩跡於此，至移三霜焉。」

145 《後漢書．儒林列傳》：「澤性簡，忽威儀，頗失宰相之望。數月，復為太常。清絜循行，盡敬宗廟。常臥病齋宮，其妻哀澤老病，闚問所苦。澤大怒，以妻干犯齋禁，遂收送詔獄謝罪。當世疑其詭激。時人為之語曰：『生世不諧，作太常妻，一歲三百六十日，三百五十九日齋。』」

146 此詩一作〈題戴老酒店〉，詩云：

戴老黃泉下，還應釀大春。夜臺無李白，沽酒與何人？

「夜臺」指墳墓或地府。晉．陸機〈挽歌三首〉其一：

按轡遵長薄，送子長夜臺。呼子子不聞，泣子子不知。

「老春」或「大春」為酒名，清．王琦注：「唐人名酒多帶春字。」

147 《宋書．隱逸》：「（陶）潛不解音聲，而畜素琴一張，無弦，每有酒適，輒撫弄以寄其意。貴賤造之者，有酒輒設。潛若先醉，便語客：『我醉欲眠，卿可去。』其真率如此。」

148 《吳越春秋》勾踐伐吳外傳：「（陶朱公范蠡）乃乘扁舟，出三江，入五湖，人莫知其所適。」《史記．留侯世家》：「（留侯張良云）『今以三寸舌為帝者師，封萬戶，位列侯，此布衣之極，於良足矣。願棄人間事，欲從赤松子游耳。』乃學辟穀，道引輕身。」

149 李白〈登金陵冶城西北謝安墩〉。

150 李白〈當塗趙炎少府粉圖山水歌〉。

151 李白〈玉真公主別館苦雨贈衛尉張卿二首〉。

152 《南史》劉穆之傳：「穆之少時，家貧誕節，嗜酒食，不修拘檢。好往妻兄家乞食，多見辱，不以為恥。其妻江嗣女，甚明識，每禁不令往江氏。後有慶會，屬令勿來。穆之猶往，食畢求檳榔。江氏兄弟戲之曰：『檳榔消食，君乃常饑，何忽須此？』妻復截髮市肴饌，為其兄弟以餉穆之，自此不對穆之梳沐。及穆之為丹陽尹，將召妻兄弟，妻泣而稽顙以致謝。穆之曰：『本不匿怨，無所致憂。』及至醉飽，穆之乃令廚人以金柈貯檳榔一斛以進之。」

153 《晉書．諸葛長民傳》：「長民弟黎民輕狡好利，固勸之曰：『黥彭異體而勢不偏全，劉毅之誅，亦諸葛氏之懼，可因裕未還以圖之。』長民猶豫未發，既而歎曰：『貧賤常思富貴，富貴必履危機。今日欲為丹徒布衣，豈可得也！』」

154 南朝宋．劉義慶《世說新語．排調》：「謝公在東山，朝命屢降而不動。後出為桓宣武司馬，將發新亭，朝士咸出瞻送。高靈時為中丞，亦往相祖。先時，多少飲酒，因倚如醉，戲曰：『卿屢違朝旨，高臥東山，諸人每相與言：「安石不肯出，將如蒼生何？」今亦蒼生將如卿何？』謝笑而不答。」

155 李白〈襄陽歌〉。

156 李白〈唐漢東紫陽先生碑銘〉：「天寶初，威儀元丹丘，道門龍鳳，厚禮致屈，傳籙於嵩山。東京大唐三請固辭，偃臥未幾，而詔書下責，不得已而行。」

157 唐．魏顥〈李翰林集序〉：「與丹丘因持盈法師達，白亦因之入翰林，名動京師。」王琦注：「持盈法師，玉真公主號。公主出家為道士，故曰法師。」《舊唐書》則說李白是因道士吳筠推薦才入京：「天寶初，客遊會稽，與道士吳筠隱於剡中。既而玄宗詔筠赴京師，筠薦之於朝，遣使召之，與筠俱待詔翰林。」供參考。

158 《漢書．朱買臣傳》：「朱買臣，字翁子，吳人也。家貧，好讀書，不治產業，常艾薪樵，賣以給食，擔束薪，行且誦書……妻羞之，求去。買臣笑曰：『我年五十當富貴，今已四十餘矣。女（汝）苦日久，待我富貴報女（汝）功。』妻恚怒曰：『如公等，終餓死溝中耳，何能富貴？』買臣不能留，即聽去。……會邑子嚴助貴幸，薦買臣。召見，說春秋，言楚詞，帝甚說之，拜買臣為中大夫，與嚴助俱侍中。……上拜買臣會稽太守。」

159 李白為皇室宗親這點，目前爭論仍多。本文暫據唐．李陽冰〈唐李翰林草堂集序〉：「李白，字太白，隴西成紀人，涼武昭王暠九世孫。蟬聯珪組，世為顯著。中葉非罪，謫居條支，易姓與名，……神龍之始，逃歸於蜀，復指李樹而生伯陽。驚姜之夕，長庚入夢，故生而名白，以太白字之。世稱太白之精，得之矣。」另據唐．范傳正〈贈左拾遺翰林學士李公新墓碑〉：

「公之孫女搜於箱篋中，得公之亡子伯禽手疏十數行，紙壞字缺，不能詳備。約而計之，凉武昭王九代孫也。隋末多難，一房被竄於碎葉，流離散落，隱易姓名。」

160 《史記正義》作者張守節，武則天主政時期人，生活年代較李白為早。

161 《新唐書》李白傳：「往見賀知章，知章見其文，嘆曰：『子，謫仙人也！』言於玄宗，召見金鑾殿，論當世事，奏頌一篇。帝賜食，親為調羹，有詔供奉翰林。」

162 李白〈送賀監歸四明應制〉。

163 李白〈對酒憶賀監二首〉其二。

164 唐．李陽冰〈唐李翰林草堂集序〉：「天寶中，皇祖下詔，徵就金馬，降輦步迎，如見綺、皓。以七寶牀賜食，御手調羹以飯之，謂曰：『卿是布衣，名為朕知，非素蓄道義，何以及此？』置於金鑾殿，出入翰林中，問以國政。」

165 唐．范傳正〈贈左拾遺翰林學士李公新墓碑〉：「天寶初，召見於金鑾殿，元宗明皇帝降輦步迎，如見園、綺，論當世務，草答蕃書，辯如懸河，筆不停綴。元宗嘉之，以寶床方丈賜食於前，御手和羹，德音褒美。褐衣恩遇，前無比儔。遂直翰林，專掌密命。」

166 唐．劉全白〈唐故翰林學士李君碣記〉：「因為〈和蕃書〉并上〈宣唐鴻猷〉一篇，上重之，欲以綸誥之任委之。」

167 唐．魏顥〈李翰林集序〉：「上皇豫游，召白，白時為貴門邀飲。比至，半醉，令製〈出師詔〉，不草而成，許中書舍人。以張垍讒逐。」

168 唐．賈島〈劍客〉：

十年磨一劍，霜刃未曾試。今日把示君，誰有不平事？

169 五代．王仁裕《開元天寶遺事》「隔障歌」：「寧王宮有樂妓寵姐者，美姿色，善謳唱。每宴外客，其諸妓女盡在目前，惟寵姐客莫能見。飲及半酣，詞客李太白恃醉戲曰：『白久聞王有寵姐善歌，今酒肴醉飽，群公宴倦，王何吝此女示於眾！』王笑謂左右曰：『設七寶花障。』召寵姐於障後歌之，白起謝曰：『雖不許見面，聞其聲亦幸矣。』」

170 《新唐書》李白傳：「白嘗侍帝，醉，使高力士脫靴。

力士素貴，恥之，擿其詩以激楊貴妃，帝欲官白，妃輒沮止。」又《舊唐書》李白傳：「玄宗度曲，欲造樂府新詞，亟召白，白已臥於酒肆矣。召入，以水灑面，即令秉筆，頃之成十餘章，帝頗嘉之。嘗沉醉殿上，引足令高力士脫靴，由是斥去。」

171 唐・孟棨《本事詩》：「嘗因宮人行樂，謂高力士曰：『對此良辰美景，豈可獨以聲伎為娛，倘時得逸才詞人詠出之，可以誇耀於後。』遂命召白。時寧王邀白飲酒，已醉。既至，拜舞頹然。上知其薄聲律，謂非所長，命為宮中行樂五言律詩十首。白頓首曰：『寧王賜臣酒，今已醉。倘陛下賜臣無畏，始可盡臣薄技。』上曰：『可。』即遣二內臣掖扶之，命研墨濡筆以授之。又令二人張朱絲欄於其前。白取筆抒思，略不停綴，十篇立就，更無加點。筆跡遒利，鳳跱龍拏。律度對屬，無不精絕。其首篇曰：『……宮中誰第一？飛燕在昭陽。』」

172 今存八首。

173 楊玉環為天寶四載（七四五年）才封為貴妃，這裡為了行文方便，一律稱為楊貴妃。

174 見南唐・樂史《楊太真外傳》，及《太平廣記》引唐・李濬（一說韋濬）撰《松窗雜錄》。

175 見南唐・樂史《楊太真外傳》、《太平廣記》、《舊唐書》及《新唐書》李白傳。

176 《新唐書》高力士傳：「四方奏請皆先省後進，小事即專決，雖洗沐未嘗出，眠息殿帷中，徼倖者願一見如天人然。帝曰：『力士當上，我寢乃安。』……帝曰：『我不出長安且十年，海內無事，朕將吐納導引，以天下事付林甫，若何？』力士對曰：『……天下柄不可假人，威權既振，孰敢議者！』……（力士）對曰：『北兵悍且強，陛下何以制之？臣恐禍成不可禁。』其指蓋謂祿山。帝曰：『卿勿言，朕將圖之。』」

177 李白〈駕去溫泉後贈楊山人〉。

178 李白〈春日行〉。

179 李白〈侍從遊宿溫泉宮作〉。

180 李白〈塞下曲六首〉。

181 唐・李陽冰〈唐李翰林草堂集序〉。

182 李白〈駕去溫泉後贈楊山人〉。

183 李白〈送裴十八圖南歸嵩山二首〉。

184 《新唐書》李白傳：「白自知不為親近所容，益驁放不自脩，與知章、李適之、汝陽王璡、崔宗之、蘇晉、張旭、焦遂為『酒八仙人』。」

185 《新唐書》賀知章傳：「天寶初，病，夢游帝居，數日寤，乃請為道士，還鄉里，詔許之。……既行，帝賜詩，皇太子百官餞送。」

186 李隆基〈送賀知章歸四明〉：

遺榮期入道，辭老竟抽簪。豈不惜賢達，其如高尚心。寰中得祕要，方外散幽襟。獨有青門餞，群僚悵別深。

187 《新唐書》玉真公主傳：「天寶三載，上言曰：『先帝許妾舍家，今仍叨主第，食租賦，誠願去公主號，罷邑司，歸之王府。』玄宗不許。又言：『妾，高宗之孫，睿宗之女，陛下之女弟，於天下不為賤，何必名繫主號、資湯沐，然後為貴？請入數百家之產，延十年之命。』帝知至意，乃許之。」

188 唐・魏顥〈李翰林集序〉：「以張垍讒逐，遊海、岱間。」

189 唐・李陽冰〈唐李翰林草堂集序〉。

190 孟浩然〈自洛之越〉。

191 李白〈初出金門，尋王侍御不遇，詠壁上鸚鵡〉。

192 詩題一作〈出東門後書懷，留別翰林諸公〉。

193 宋・劉克莊《後村詩話》：「〈東武吟〉云與杜公『集賢學士如堵牆，觀我落筆中書堂。往來文采動人主，此日飢寒趨路傍』之作，悲壯略同。」

194 見宋・陸游《老學庵筆記》卷六。

195 李白〈邠歌行上新平長史兄粲〉。

196 李白〈玉壺吟〉。

197 李白〈駕去溫泉後贈楊山人〉。

198 李白〈走筆贈獨孤駙馬〉。

199 李白〈東武吟〉。

200 李白〈憶襄陽舊遊贈馬少府巨〉。

201 李白〈贈從弟南平太守之遙二首〉其一。

202 李白〈登廣武古戰場懷古〉。

203 《三國志》注引《魏氏春秋》：「籍以世多故，祿仕而已，聞步兵校尉缺，廚多美酒，營人善釀酒，求為校尉，遂縱酒昏酣，遺落世事。嘗登廣武，觀楚、漢戰處，乃歎曰：『時無英才，使豎子成名乎！』」

204 杜甫〈遺懷〉。

205 杜甫〈昔遊〉。

206 李白〈送楊山人歸嵩山〉。

207 李白〈奉餞高尊師如貴道士傳道籙畢歸北海〉。

208 見唐．孟棨《本事詩》：「戲杜曰：『飯顆山頭逢杜甫，頭戴笠子日卓午。借問別來太瘦生，總為從前作詩苦。』蓋譏其拘束也。」五代十國時南漢．王定保《唐摭言》載：「李白〈戲贈杜甫〉曰：『長樂坡前逢杜甫，頭戴笠子日卓午，借問形容何瘦生，只為從來學詩苦。』」宋．計有功《唐詩紀事》則記：「飯顆山頭逢杜甫，頂戴笠子日卓午。借問因何太瘦生，總為從前作詩苦。」

209 杜甫〈飲中八仙歌〉。

210 杜甫〈不見〉。

211 杜甫〈解悶十二首〉其七。

212 杜甫〈江上值水如海勢聊短述〉。

213 泗水：河名，位於今山東省西南部。徂徠（ㄘㄨˊ ㄌㄞˊ）：山名，位於今山東省泰安市東南。

214 李白〈鳴皐歌送岑徵君〉。

215 李白〈贈從弟洌〉。

216 此句一作「二水中分白鷺洲」。

217 見《世說新語．夙惠》。

218 宋．劉克莊《後村詩話》：「古人服善，太白過黃鶴樓有『眼前有景道不得，崔顥題詩在上頭』之句，至金陵，遂為〈鳳凰臺〉詩以擬之。今觀二詩，真敵手棋也。」

219 《新唐書》李林甫傳：「『由文吏為將，憚矢石，不身先。不如用蕃將，彼生而雄，養馬上，長行陣，天性然也。若陛下感而用之，使必死，夷狄不足圖也。』帝然之，因以安思順代林甫領節度，而擢安祿山、高仙芝、哥舒翰等專為大將。林甫利其虜也，無入相之資，故祿山得專三道勁兵，處十四年不徙。」

220 《新唐書》外戚傳：「祿山雖逆久，以帝遇之厚，故隱忍，伺帝一日晏駕則稱兵。及見帝變國忠，甚畏不利己，故謀日急。」

221 可參考《史記正義．五帝本紀》引《竹書紀年》：「昔堯德衰，為舜所囚也。」

222 可參考《國語．魯語上》：「舜勤民事而野死。」韋昭注：「野死，謂征有苗，死於蒼梧之野。」

223 李白〈送王屋山人魏萬還王屋〉序：「見王屋山人魏萬，云自嵩歷兗。遊梁入吳，計程三千里，相訪不遇。因下江東，尋諸名山，往復百越，後於廣陵一面，遂乘興共過金陵。此公愛奇好古，獨出物表，因述其行李，遂有此作。」

224 唐．魏顥〈李翰林集序〉：「顥始名萬，次名炎，萬之日不遠命駕江東訪白，游天台，還廣陵，見之。眸子炯然，哆如餓虎，或時束帶，風流蘊藉。」又云：「顥生平自負，人或為狂，白相見泯合，有贈之作，謂余：『爾後必著大名於天下，無忘老夫與明月奴。』因盡出其文，命顥為集。」

225 李白〈贈武十七諤〉序：「門人武諤，深於義者也。質本沉悍，慕要離之風，潛鈞川海，不數數於世間事。聞中原作難，西來訪余。余愛子伯禽在魯，許將冒胡兵以致之。酒酣感激，援筆而贈。」

226 《新唐書》張說傳：「垍遂與希烈皆相祿山，垍死賊中。」

227 《新唐書．肅宗本紀》：「七月辛酉，至於靈武。壬戌，裴冕等請皇太子即皇帝位。甲子，即皇帝位於靈武，尊皇帝曰上皇天帝，大赦，改元至德。……（十月）遣永王璘朝上皇天帝於蜀郡。璘反，丹徒郡太守閻敬之及璘戰於伊婁埭，死之。」

228 李白〈上皇西巡南京歌十首〉序：「天寶十五載六月己亥，祿山陷京師。七月庚辰，次蜀都。八月癸巳，皇太子即皇帝位於靈武。十二月丁未，上皇天帝至自蜀郡，大赦，以蜀郡為南京。」

229 李白〈贈王判官時余歸隱居廬山屏風疊〉。

230 《戰國策．秦策》：「（蘇秦）說秦王書十上而說不行。黑貂之裘弊，黃金百斤盡，資用乏絕，去秦而歸。……歸至家，妻不下紝，嫂不為炊，父母不與言。」

231 見宋．佚名《釋常談》：「文章多謂之八斗之才。謝靈運嘗曰：『天下才有一石，曹子建獨占八斗，我得一斗，天下共分一斗。』」但是此言無法證實是否真為謝靈運所說，僅供參考。

232 元．辛文房《唐才子傳》：「初，白遊并州，見郭子儀，奇之，曾救其死罪。至是，郭子儀請官以贖，詔長流夜郎。」

233 李白〈聞王昌齡左遷龍標，遙有此寄〉。

234 南宋．胡仔《苕溪漁隱叢話》引東坡云：「李太白，狂士也。……士以氣為主，方高力士用事，公卿大夫爭事之；而太白使脫靴殿上；固以氣蓋天下矣。使之得志，必不肯附權倖以取容，其肯從君於昏乎？……吾於太白亦云。白之從永王璘，當由迫脅；不然，璘之狂肆寢陋，雖庸人知其必敗也。太白識郭子儀之為人傑，而不能知璘之無成，此理之必不然者也。吾不可以不辨。」

235 《舊唐書》孔巢父傳：「巢父早勤文史，少時與韓準、裴政、李白、張叔明、陶沔隱於徂來山，時號『竹溪六逸』。永王璘起兵江淮，聞其賢，以從事辟之。巢父知其必敗，側身潛遁，由是知名。」

236 李白〈廬山謠寄盧侍御虛舟〉。

237 詩題中「路」應為「終」的形誤，此為「臨終歌」。詩句中「石」應為「左」的形誤，取漢．嚴忌〈哀時命〉「左袪（袖）掛於榑桑（扶桑）」之意。

238 《左傳》襄公二十四年：「太上有立德，其次有立功，其次有立言，雖久不廢，此之謂不朽。」

239 李白〈古風五十九首〉其一。

儒

杜甫——人溺己溺的乾坤一腐儒

杜甫（字子美）過世後約四十年，其孫子杜嗣業[240]雖然貧苦，仍然四處借貸，希望將祖父遷葬於洛陽偃師的家族墓地，並請當時著名詩人元稹為杜甫寫墓誌銘。元稹在此文中極力推崇杜詩：**「予讀詩至杜子美，而知古人之才有所總萃焉。[241]」**他從詩經一路考察到漢、六朝、唐初，發現直至杜甫乃集其大成，這種成就連孔子都要佩服：**「使仲尼考鍛其旨要，尚不知貴其多乎哉；苟以為能所不能，無可無不可，則詩人以來，未有如子美者。」**天才如李白，也只有樂府詩能跟杜甫比肩，更何況杜甫是所有體裁都寫得好，這更不是李白能望其項背的：**「（李白）樂府歌詩，誠亦差肩於子美矣；至若鋪陳終始，排比聲韻，大或千言，次猶數百，詞氣豪邁，而風調清深，屬對律切，而脫棄凡近，則李尚不能歷其藩翰，況堂奧乎？」**

宋朝的蘇軾也同意杜甫的詩可謂集大成：**「詩至於杜子美，文至於韓退之，書至於顏魯公，畫至於吳道子，而古今之變，天下之能事畢矣。[242]」**杜甫的詩、韓愈的文、顏真卿的書法和吳道子的畫，都將創作的各種變化窮盡了。

不過李白的詩是否不如杜甫？與元稹同時代的韓愈可不這麼認為，韓愈詩云：

調張籍（節錄）　唐・韓愈

李杜文章在，光焰萬丈長。不知群兒愚，那用故謗傷！
蚍蜉撼大樹，可笑不自量。伊我生其後，舉頸遙相望。

大意是李、杜的文章都是光芒萬丈，欲詆謗任何一人的都是愚兒，便如蚍蜉撼樹一樣可笑而不自量力。我們這些後代文人，只能引頸遙望他們無以倫比的成就。韓愈的話顯然比元稹更有說服力，因此蘇軾也說：「**李太白、杜子美以英瑋絕世之姿，凌跨百代，古今詩人盡廢。**[243]」頂多只能說李、杜之外，其他人的詩都可以不用讀了，倒不能說杜甫就贏過李白了。這話雖然說得太誇張，但因為這是蘇軾說的，所以無人可以反駁就是了。

李、杜的詩孰優孰劣，或許無法分出高下，但是讀者肯定各有所好，而且讀者抉擇的關鍵點，應該是兩人的人生態度大有不同吧！所以我們還是要回到杜甫的生平。

杜甫為三國曹魏杜恕、其子西晉名將杜預之十三世孫[244]，杜預曾助晉滅吳，且著有《春秋經傳集解》，唐太宗年間下詔於孔廟配享[245]。曾祖父杜依藝曾任唐朝鞏縣縣令。祖父杜審言官終國子監主簿、修文館直學士，早年與李嶠、崔融、蘇味道（據傳為蘇軾祖先[246]）等人號「文章四友」。父親杜閑曾任兗（ㄧㄢˇ）州司馬、奉天令。由此可見，杜甫不像李白只是自稱為西涼武昭王李暠的九世孫，而是真的有家世可考的官宦世家。

家世對杜甫而言非常重要。他只要到了孔廟，便能看見他的遠祖杜預。祖父杜審言雖因於武則天朝任職而受非議，但杜甫相當景仰祖父的詩，曾說「**吾祖詩冠古**[247]」、「**詩是吾家事，人傳世上情**[248]」。杜甫可不是為祖父美言，他的確從祖父的詩學習了作詩的奧妙，例如杜審言有詩〈渡湘江〉：「**遲日園林悲昔遊，今春花鳥作邊愁。獨憐京國人南竄，不似湘江水北流。**」以春天令人愉悅的「花鳥」反襯哀愁，像不像杜甫的名作〈春望〉詩中「**感時花濺淚，恨別鳥驚心**」？

另外，杜甫也說：「**自先君恕、預以降，奉儒守官，未墜素業矣。**[249]」亦即從祖先杜恕、杜預以來，世代皆以「儒家」自居。這就是「詩聖」杜甫和「詩仙」李白最大的差異了。

杜甫的出生地雖然無法確定，一說為洛陽附近的偃師或鞏縣人，一說為京城長安人。不過他多首詩都自稱「少陵」野老、「杜陵」野老，這兩地皆位於京城，如〈哀江頭〉**「少陵野老吞聲哭」**、〈立春〉**「杜陵遠客不勝悲」**、〈醉時歌〉**「杜陵野客人更嗤」**、〈自京赴奉先縣詠懷五百字〉**「杜陵有布衣，老大意轉拙」**、〈投簡咸華兩縣諸子〉**「長安苦寒誰獨悲，杜陵野老骨欲折」**，另外，〈祭外祖祖母文〉、〈祭故相國清河房公文〉皆自稱**「京兆杜甫」**，我們就當洛陽和長安都是他的故鄉吧。

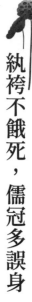

紈袴不餓死，儒冠多誤身

杜甫非常早熟，有詩云：

壯遊（節錄）　杜甫

往昔十四五，出遊翰墨場。斯文崔魏徒，以我似班揚。
七齡思即壯，開口詠鳳皇。九齡書大字，有作成一囊。
性豪業嗜酒，嫉惡懷剛腸。脫略小時輩，結交皆老蒼。
飲酣視八極，俗物都茫茫。

【自注：崔鄭州尚、魏豫州啟心。】

杜甫生於玄宗先天元年（七一二年[250]），大意是他七歲即能開口詠詩，而且志向遠大，詠的是鳳凰。九歲就寫得一手好文章，十四、五歲開始與當時文人來往，大家都公認他的文章比得上漢朝的班固、揚雄。他喜歡喝酒又嫉惡如仇，因此都與年紀大的人交友，根本不將一般人放在眼裡。

到這裡為止，杜甫還是個目中無人而年輕氣盛的少年，然而，玄宗開元二十三年（七三五年），他遇到了第一次的挫折：在京城長安參加科舉考試落第。接著他跟當時其他文人一樣，展開一段浪遊的生涯，八、九年間在齊、趙之地打獵交友，**「放蕩齊趙間，裘馬頗清狂」**、**「快意八九年，西歸到咸陽」**。期間在洛陽認識了後來他一生懷念的李白，隔年又再相約同遊，過了一段**「醉眠秋共被，攜手日同行[251]」**的快意生活。

不過杜甫畢竟是儒生，《論語‧泰伯》云：**「天下有道則見，無道則隱」**，此時正是見用於世的年代，他以自身家世的使命及學識，不可能繼續遊蕩，玄宗天寶四載（七四五年），杜甫再次回到了長安。他或許以為這是人生邁向正途的起點，然而，這卻是杜甫一生悲劇的入口。

只看這首杜甫寫給時任尚書左丞韋濟，祈求獲得推薦入朝的長詩，就能想見杜甫重回長安的生活：

奉贈韋左丞丈二十二韻　杜甫

紈袴不餓死，儒冠多誤身。丈人試靜聽，賤子請具陳：
甫昔少年日，早充觀國賓。讀書破萬卷，下筆如有神。
賦料揚雄敵，詩看子建親。李邕求識面，王翰願卜鄰。
自謂頗挺出，立登要路津。致君堯舜上，再使風俗淳。
此意竟蕭條，行歌非隱淪。騎驢三十載[252]，旅食京華春。
朝扣富兒門，暮隨肥馬塵。殘杯與冷炙，到處潛悲辛。
主上頃見徵，欻然[253]欲求伸。青冥卻垂翅，蹭蹬[254]無縱鱗。
甚愧丈人厚，甚知丈人真。每於百僚上，猥誦佳句新。
竊效貢公喜，難甘原憲貧。焉能心怏怏？只是走踆踆[255]。
今欲東入海[256]，即將西去秦。尚憐終南山，回首清渭濱。
常擬報一飯[257]，況懷辭大臣。白鷗沒浩蕩，萬里誰能馴！

這首詩大約作於天寶七載，大意是富家的紈袴子弟不會餓死，但是儒生卻可能因讀書而貽誤終生。丈人請您聽我說：我二十多歲時便曾參加進士考試，雖然只是布衣賓客，但仍得以看見國家盛況。我早已**「讀書破萬卷，下筆如有神」**，寫詞賦能與漢朝的揚雄匹敵，寫詩能與曹魏的曹植（字子建）比鄰。文壇前輩李邕主動想跟我結識，王翰甚至願意當我的鄰居。自認才華頗為出眾，只要給我機會，一定馬上就能登上要位，輔佐皇上成為堯、舜一般的君王，使社會民淳俗厚。但是我這番心意看來是落空了，我在鄉野唱著詩歌，絕非是想當個隱士。我已經騎著一頭毛驢三十年，在京城度過了多年的春天。每天早上去敲富貴人家的門，希望能遇見知音，但是晚上只能跟隨在權貴的肥馬之後，全身沾滿塵埃。到處吃著別人的剩酒冷菜，京城裡到處都潛藏著我的悲哀辛酸。天寶六載，皇上欲廣求天下之士，我也前往應試，但是宰相李林甫認為天下**「野無遺賢」**[258]，沒有值得錄取的人。我的希望再次落空，便如鳥無翅、魚無鱗。我實在愧對丈人您對我的真情厚意，我知道您時常在百官面前，朗誦並推薦我新寫就的詩篇。我也希望像漢人貢禹一樣獲得朋友的推薦而入仕，但是旅食京城多年，我已經難以忍受像孔子弟子原憲一般貧窮度日。我怎麼能每日如此怏怏不樂、手足無措呢？今天我想離開秦地的長安，去東海隱居了。只是啊，我仍不忍離開京城城南的終南山，以及城北的渭水，因為我想報答丈人的「一飯之恩」，所以無法輕易的辭別大臣。我一旦離去，將如白鷗隱沒於萬里煙波之外，又有誰能馴服我呢？

「朝扣富兒門，暮隨肥馬塵」，這大約就是孟浩然說的**「朝朝空自歸」**了。韋濟雖然向百官推薦杜甫的詩，但對引薦他入朝似乎無能為力。此時有一位王侯也很欣賞杜甫——就是杜甫在〈飲中八仙歌〉提到的汝陽王李璡：**「汝陽三斗始朝天，道逢麴車口流涎，恨不移封向酒泉。」**看他可以飲了三斗酒才去見皇上，就知道他是備受玄宗寵愛的姪子。他有多嗜酒，得以列入飲中八仙呢？他在路上遇見裝了酒麴的車便流下口水，更希望自己的封地不是在汝陽，最好是改封到「酒泉」，那裡想必有喝不完的酒吧？

看來李璡完全無心參與政事，但這些行為會不會太誇張？其實，他是不得不如此表現。多年前李隆基發動政變推翻韋后，奉父親李旦即位，即唐睿宗。李璡的父親李憲原本是李旦的嫡長子，順理成章為太子。但是李憲主動將太子之位讓給弟弟李隆基，即唐玄宗。

唐初在唐太宗李世民發動玄武門之變殺死太子李建成登基之後，太子之位一直是最敏感的話題。李憲原本為太子，意即身為李憲長子的李璡原本也可能是下一位太子，最有資格質疑玄宗皇位的人就是他了。因此李璡無論如何都要表現得完全無心參與政事，才能避免受到玄宗的猜疑。尤其李憲過世後，玄宗追封兄長為「讓皇帝」，這應該會嚇死李璡吧！沒有沒有，沒有讓，聖上就是名正言順的皇帝啊！

因此，李璡欣賞杜甫稱不上是一件好事，除非我們的「儒冠」杜甫安於在汝陽王府中當個門客，不然汝陽王是不可能推薦他入仕的。

當然，正統的儒家此時更想**「致君堯舜上，再使風俗淳」**，因此杜甫只能繼續周旋於諸位權貴，感嘆**「野人曠蕩無靦顏，豈可久在王侯間**[259]**」**，他實在無法再厚顏低頭於王侯之間了，這種無奈李白也體會過：**「安能摧眉折腰事權貴？使我不得開心顏。**[260]**」**怎麼可能一直低眉順眼的看權貴臉色過日子呢？

雖然沒有本事像王昌齡進士及第，但他也不打算像孟浩然一樣遇到挫折就回家鄉隱居。杜甫仍然忍辱負重，繼續在長安待下來。

前面說過，杜甫可以將樂府、律詩、絕句等各種詩歌體裁都寫得很好，所以元稹稱讚他**「有所總萃」**，也就是能「集大成」。不過杜甫之所以被後世尊為「詩聖」，可不只是因為他的詩寫得好，而是因為他是一位正統的儒家。「集大成」之說源自《孟子．萬章下》，孟子曰：**「孔子之謂集大成。集大成也者，金聲而玉振之也。金聲也者，始條理也；玉振之也者，終條理也。」**大意是孔子可說是古代聖人中集大成的人，就如演奏一首樂曲，開始時能以金鐘之聲為樂曲定調，結束時能以玉石之聲，為樂曲莊嚴收束。

但是集大成的杜甫此時孤立無援，他更像是街頭藝人的一人大樂隊，獨自演奏著孤獨而華麗的曲調。

此時朝廷中，在李林甫的安排之下，安祿山、哥舒翰、高仙芝皆手擁重兵，並且積極在邊疆用兵。然而杜甫對此種狀況憂心忡忡，他寫〈兵車行〉敘述社會現況，**「車轔轔，馬蕭蕭，行人弓箭各在腰。耶孃**（即爺娘、父母）**妻子走相送，塵埃不見咸陽橋。牽衣頓足攔道哭，哭聲直上干雲霄」**，到處都在徵兵，多少人妻離子散、哭聲震天，**「生女猶得嫁比鄰，生男埋沒隨百草」**，女兒還能嫁給鄰近的人家，男兒卻可能戰死在外，音訊全無，**「君不見青海頭，古來白骨無人收。新鬼煩冤舊鬼哭，天陰雨濕聲啾啾」**，教人怎能不沉痛！

杜甫的青年時光就在**「朝扣富兒門，暮隨肥馬塵」**中蹉跎度過。不過他可不願如孟子所說**「獨善其身」**，他更想要**「兼善天下[261]」**。武則天掌政時創立了「延恩匭[262]」，接受各方投書。天寶十載正月，朝廷接連舉辦三場重要祭典，杜甫不是說他**「賦料揚雄敵」**嗎？揚雄以〈蜀都賦〉名聞天下，杜甫便投書[263]到延恩匭，獻上「三大禮賦」：〈朝獻太清宮〉、〈朝享太廟〉、〈有事於南郊〉，期望能得到玄宗賞識。

主掌延恩匭的「獻納使」很快就將這三大禮賦呈給皇上，而玄宗讀了非常驚豔，**「天子廢食召，群公會軒裳[264]」**，連飯也不吃了，馬上召集群臣，要杜甫入殿來見。

玄宗這個詔令一下，立即轟動京城。他入宮後被帶到中書省，要他現場寫一道試題。集賢院的學士都跑來圍觀他寫作，幾乎是擠成一堵牆了。這是杜甫一生中少見的閃亮時刻，他日後回憶起這段經歷說：**「憶獻三賦蓬萊宮，自怪一日聲輝赫。集賢學士如堵牆，觀我落筆中書堂。」**

這次臨時考試的結果還不錯，玄宗要他待制集賢院，等候進一步任命，也就是杜甫終於有機會入仕了。事後看來，這可能只是朝廷辦祭典時，玄宗心情很美一時興起，很快就忘記有這號小人物了。

就這樣等了一年又到了除夕，杜甫忍不住說：**「四十明朝過，飛騰暮景斜。誰能更拘束，爛醉是生涯。**[265]**」**過年之後四十歲也就過了，晚年也要這樣度日嗎？已經沒有人能拘束我了，我要在爛醉中度過此生。

雖然遲遲未等到任命，不過杜甫不再是毫無前途的布衣，因此他得以與司農少卿楊怡的女兒成婚。有了家庭責任之後，杜甫也不能再像從前外出浪遊，他只能領著朝廷俸祿持續等待。

隔年秋天，杜甫與高適、岑參、儲光羲與薛據等人同遊長安曲江邊的慈恩寺大雁塔，這是文學史上一次頗為出名的出遊，五人各有留詩，從杜詩中可見這些官吏都為前途生計而奔波：**「君看隨陽雁，各有稻粱謀。**[266]**」**

天寶十二載，李林甫過世，楊國忠掌權，楊貴妃姊妹也受封為國夫人，楊家一時氣焰燻天。杜甫此時雖然微不足道，但也看出楊家可能帶來的危險災禍，因此寫下〈麗人行〉，藉由描寫楊家出遊的華麗排場，要大家小心楊國忠這位「炙手可熱」的宰相：

麗人行　杜甫

三月三日天氣新，長安水邊多麗人。
態濃意遠淑且真，肌理細膩骨肉勻。繡羅衣裳照暮春，蹙金孔雀銀麒麟。
頭上何所有？翠微㔩葉垂鬢脣。背後何所見？珠壓腰衱穩稱身。
就中雲幕椒房親，賜名大國虢與秦。紫駝之峰出翠釜，水精之盤行素鱗。
犀箸厭飫久未下，鸞刀縷切空紛綸。黃門飛鞚不動塵，御廚絡繹送八珍。
簫鼓哀吟感鬼神，賓從雜遝實要津。後來鞍馬何逡巡，當軒下馬入錦茵。
楊花雪落覆白蘋，青鳥飛去銜紅巾。炙手可熱勢絕倫，慎莫近前丞相嗔！

他說在三月三日這個上巳日，空氣清新，許多美麗的佳人都來到長安的曲江邊踏青。她們姿態莊重而賢淑天真，肌膚細膩而骨肉勻稱。她們的羅衣用金銀絲線繡了孔雀和麒麟，在暮春的陽光照耀下，衣裳閃閃發亮。頭上有什麼呢？有翡翠做的㔩（ㄜˋ）葉髮飾垂掛於鬢邊。從她們的背後可以看見什麼呢？珍珠垂壓在腰衱（ㄐㄧㄝˊ，衣服的後襟）上，步履穩重、衣服合身。

在這些麗人之中有幾位是椒房（皇后居所，代指楊貴妃）的姊姊，皇上封她們為虢國夫人與秦國夫人（還有一位韓國夫人）。她們正在野餐呢，翡翠鍋中盛著駱駝峰，水精（晶）盤中則有白鱗之魚。面對這些山珍海味，她們用犀牛角做的筷子卻是遲不下箸，想來她們早已厭飫（ㄩˋ，飽食），廚師那飾著鸞鈴的刀子儘管細細切好食物，卻是空忙一場。此時又見太監絡繹飛馳而來，而且小心翼翼不揚起一點塵埃，原來他們帶來更多御廚準備的珍饈玉饌。

此時簫鼓的樂聲簡直可以感動鬼神，來往的賓客都是達官貴人。後來又有一人騎馬在附近逡巡（ㄑㄩㄣ ㄒㄩㄣˊ徘徊），然後在軒亭前下馬，直接走入麗人的錦障之中。此時楊花如雪飄落，覆蓋於江面的白蘋之上，西王母的青鳥為何於此時銜起一條紅巾？難道青鳥是為這個男人與麗人作媒嗎？不要再說了，這人就是楊國忠，現在整個楊家都炙手可熱，聲勢如日中天，不能靠近他們，丞相可是會生氣的！

雖然是新人新政，楊國忠提拔了不少自己人任官，但杜甫這個儒士仍然是「**有儒愁餓死**[267]」、「**君不見才士汲引難，恐懼棄捐忍羇旅。**[268]」在這種等待的窮苦日子裡，杜甫可能常常跟同樣不受重用的廣文館博士鄭虔飲酒，並寫下這首詩：

醉時歌　杜甫

贈廣文館博士鄭虔

諸公袞袞登臺省，廣文先生官獨冷。甲第紛紛厭粱肉，廣文先生飯不足。
先生有道出羲皇，先生有才過屈宋。德尊一代常轗軻，名垂萬古知何用！
杜陵野客人更嗤，被褐短窄鬢如絲。日糴太倉五升米，時赴鄭老同襟期。
得錢即相覓，沽酒不復疑。忘形到爾汝，痛飲真吾師。
清夜沉沉動春酌，燈前細雨檐花落。但覺高歌有鬼神，焉知餓死填溝壑。
相如逸才親滌器，子雲識字終投閣。先生早賦〈歸去來〉，石田茅屋荒蒼苔。
儒術於我何有哉？孔丘盜跖俱塵埃！不須聞此意慘愴，生前相遇且銜杯。

鄭虔是老前輩了，玄宗因愛其才，更稱讚他的詩、畫和書法為「鄭虔三絕[269]」，所以為他設了廣文館，並以鄭虔為博士。但是杜甫說，這樣的一個才子，如今竟然**「官獨冷」**，不受朝廷重用。權貴每天酒肉吃到膩，但是廣文先生卻無法填飽肚子。德尊一代、名垂萬古又有何用呢？像我這樣鬢髮已經蒼白的杜陵野人就更不用提了，只能每天去糴（ㄉㄧˊ，買米）一些米回家。有點錢就買了酒去找鄭老，兩人喝酒時**「忘形到爾汝」**，渾然忘了世間禮法，你啊我啊的說話非常直接。我們在春天的雨夜對著燭火飲酒，只知道我們的詩歌能感動鬼神，哪想得到我們快要餓死了呢？以漢朝司馬相如這樣的才華仍然要在經營酒肆時親自洗滌酒器；揚雄（字子雲）更慘，他的學識足以撰寫地方語言研究的著作《方言》，卻因受人犯罪牽連而跳下閣樓自殺。鄭老你早就效法陶淵明寫了〈歸去來兮〉，準備回去自己的茅屋歸隱。這樣也好，儒家思想一點都不重要，不管是孔子還是盜跖（ㄓˊ），如今不也都化為塵埃了嗎？不要感到悽慘難過了，既然有緣相遇，就盡情喝酒吧！

看來杜甫挺絕望的，甚至懷疑起儒家的信念了，才會說出**「儒術於我何有哉？孔丘盜跖俱塵埃」**這樣的話。不過這只是表面上這麼說，跟李白的〈將進酒〉比較起來，杜甫連勸酒都還會想到孔子，可見「儒術」已經浸到他的骨子裡了。

杜甫後來又上了一篇〈封西嶽賦〉，他說[270]自己只是長安一介窮困匹夫，**「進無補於明時，退常困於衣食，蓋長安一匹夫耳」**，但幸得待制集賢院，希望能**「參列選序」**，得以分配一個正式官職，使名實相副，**「況臣常有肺氣之疾，恐忽復先草露、**

塗糞土，而所懷冥寞，孤負皇恩」，自己有肺病，若辭世了恐怕辜負皇上的恩寵，因此再次投書到延恩匭。

不過這次投書如石沉大海。杜甫這時不僅成家，而且還有了幾個小孩，他微薄的收入已經快要無法養家活口。雪上加霜的是京城又鬧水患，他只能先將家人安頓於較偏遠的奉先縣，然後獨自返回長安。

天寶十四載（七五五年），杜甫第三次投書延恩匭，獻上〈雕賦〉，他說[271]從祖先杜恕、杜預以來，世代都**「奉儒守官」**，祖父杜審言也曾在朝為官，文章到現在仍受天下學士景仰，希望自己這隻大雕也能效法先祖。相信自己的文章可以比得上西漢的揚雄、枚皋，**「沉鬱頓挫、隨時敏捷，而揚雄、枚皋之流，庶可跂及也」**。「沉鬱頓挫」即內容深沉含蓄、音調抑揚頓挫，這便是杜甫在詩文中最著名的風格。

這次雕民杜甫終於等到授官了！他被授予河西縣縣尉，不過杜甫早就聽高適說過縣尉的生活：**「拜迎官長心欲碎，鞭撻黎庶令人悲。」**[272]必須每天奉諛長官，向民眾催徵稅收。他拒絕這個職位之後，改任「右衛率府兵曹參軍」，大概是掌管倉庫鑰匙一類的職務，因此寫下這首詩自嘲：

官定後戲贈　杜甫

時免河西尉，為右衛率府兵曹。

不作河西尉，淒涼為折腰。老夫怕趨走，率府且逍遙。

耽酒須微祿，狂歌託聖朝。故山歸興盡，回首向風飆。

大意是不為了五斗米折腰而去作河西尉，在率府可就逍遙自在了，不像縣尉要整天在外奔走。有了這份微薄的俸祿之後，在開明盛世就有錢可以喝酒。現在也不須歸隱深山了，佇立在大風之中，回首這些年在長安的生活啊，真是不堪回首。

官定後，他先返回奉先家中，原意應該是想重新安頓家庭，此時距他參加科舉考試已有二十年，離他重入長安也已十年。許多科舉進士的第一份職務是九品的校書郎，率府兵曹的官階是從八品下，也不算虧待他了。

杜甫從此步入坦途了嗎？不，這位盛唐最倒楣的詩人，初次授官後離開長安沒幾日，安史之亂爆發。此時戰亂的消息尚未傳到京城，不過他記述自己返家見聞的長詩〈自京赴奉先縣詠懷五百字〉，已經預見了前途多艱。他說自己憂心黎民百姓，當此明主之世，無法就此歸隱，**「窮年憂黎元，嘆息腸內熱」**、**「生逢堯舜君，不忍便永訣」**。他在半夜出發返家，凌晨時經過驪山，聽聞君臣在此飲宴，諸位大臣可不要太揮霍啊，君不見**「朱門酒肉臭，路有凍死骨」**！甫進家門，便聽見哭泣聲，**「入門聞號咷，幼子餓已卒」**。自己因為是官員而免於賦稅、徭役，幼子尚且會餓死，**「默思失業徒，因念遠戍卒」**，其他失業的人民、戍守邊疆的兵卒，生活又該怎麼過呢？

這就是「詩聖」的襟懷，不只想到自己，也關心天下人；這也就是「詩史」的意義，記述了當時最真實的生活。

感時花濺淚，恨別鳥驚心

安祿山軍很快就攻陷東都洛陽，繼而又攻陷守衛長安天險的潼關。後來的事我們很熟悉了，玄宗攜帶王公子孫出逃，行軍到了馬嵬驛，軍事譁變，殺了楊國忠、楊貴妃的姊姊韓國夫人和秦國夫人，玄宗也只能賜死楊貴妃，另一個姊姊虢國夫人出逃時也被殺。玄宗繼續逃往蜀郡，帶領一支軍隊斷後的太子李亨則在靈武自行即位，即後世所稱的唐肅宗，並尊玄宗為太上皇。

杜甫返回奉先後，先是聽聞安祿山軍的叛亂消息，便將家人帶往鄜州羌村避難；後來再聽說肅宗在靈武，他竟然打算前去尋找肅宗！

儒家所說的忠君愛國，便是如此吧。蘇軾後來說：**「杜子美困厄中，一飲一食，未嘗忘君，詩人以來，一人而已。」**[273]

「未嘗忘君」的倒楣杜甫出發之後沒多久，便遇上安史軍，被俘至長安。此時杜甫官輕人微，不像王維、鄭虔一樣受迫於安祿山朝中任職，也沒有受到嚴加看管，因此雖然不能出城，但可以在城中自由行動。例如他遇到一位喬裝成平民的王孫，寫下〈哀王孫〉一詩：**「豺狼在邑龍在野，王孫善保千金軀。不敢長語臨交衢，且為王孫立斯須。」**也寫下〈月夜〉這首名詩，想念他留在鄜州的妻子、兒女：

月夜　杜甫

今夜鄜州月，閨中只獨看。遙憐小兒女，未解憶長安。

香霧雲鬟濕，清輝玉臂寒。何時倚虛幌，雙照淚痕乾？

這首詩都從妻子的角度揣想。今夜妻子獨自在鄜州望月，兒女尚小，他們應該不懂得想念長安。夜深霧濃，妻子的頭髮想必已沾濕了，月光的清輝灑下，如玉般潔白的手臂應該也有寒意了。何時兩人能在布幌（ㄏㄨㄤˇ，窗簾）旁，讓月光照著我們兩人不再流淚的臉頰呢？

相較於後來杜甫詩中都稱妻子為「老妻」、「瘦妻」，或許此時杜甫在絕境之中，想起妻子嫁了他這個腐儒而受苦，但她曾經也是年輕貌美的，因此才用了「雲鬟」、「玉臂」這麼美麗的文字。末句「雙照」與首句「獨看」的呼應，也可見杜甫此時的寂寞。

壞消息接踵而至，宰相房琯自請領兵，卻於陳陶（即陳濤斜，又名陳陶澤）以「春秋戰法」的車戰大敗，死者四萬[274]。杜甫聽聞後悲痛不已，寫下此詩：

悲陳陶　　杜甫

孟冬十郡良家子，血作陳陶澤中水。野曠天清無戰聲，四萬義軍同日死。
群胡歸來血洗箭，仍唱胡歌飲都市。都人回面向北啼，日夜更望官軍至。

此役死傷慘重，而胡兵得勝後卻飲酒高歌。長安城內的人莫不向北面的朝廷啼哭，日夜等著官軍重回長安。

杜甫久等官軍不至，肅宗至德二載（七五七年）春天，寫下這首今日最廣為人知的杜詩：

春望　　杜甫

國破山河在，城春草木深。感時花濺淚，恨別鳥驚心。
烽火連三月，家書抵萬金。白頭搔更短，渾欲不勝簪。

宋人司馬光說：「『**山河在**』，**明無餘物矣**；『**草木深**』，**明無人矣**。[275]」也就是除了千古長存的山河和草木，城內已經空無一物了。

同樣是春天，杜甫偷偷摸摸的到了曲江邊，感慨萬千，不禁呑聲哭泣，寫下了這首詩：

哀江頭　杜甫

少陵野老呑聲哭，春日潛行曲江曲。江頭宮殿鎖千門，細柳新蒲為誰綠？

憶昔霓旌下南苑，苑中萬物生顏色。昭陽殿裡第一人，同輦隨君侍君側。

輦前才人帶弓箭，白馬嚼齧黃金勒。翻身向天仰射雲，一笑正墜雙飛翼。

明眸皓齒今何在？血汙遊魂歸不得。清渭東流劍閣深，去住彼此無消息！

人生有情淚沾臆，江水江花豈終極？黃昏胡騎塵滿城，欲往城南望城北。

他回想當年楊貴妃陪侍玄宗遊曲江，場面是多麼熱鬧華麗，御輦（ㄋㄧㄢˇ，皇帝座車）前的才人也身手不凡，一箭射下比翼雙飛的兩隻鳥。然而，當時昭陽殿裡明眸皓齒的貴妃，今天卻成為渭水邊無家可歸的遊魂，與避難劍閣蜀地的玄宗生死永隔。

人生因為有情，才會流淚滿襟，然而曲江的流水和花朵，為何卻能永遠都在呢？黃昏時胡人的鐵騎揚起了滿城的塵埃，自己想往城南走，卻因為心煩意亂而望向城北，官軍是不是正打算從北方反攻呢？

李白的〈宮中行樂詞〉**「宮中誰第一，飛燕在昭陽」**，〈清平調詞〉**「借問漢宮誰得似？可憐飛燕倚新妝」**，也以漢成帝時得寵的趙飛燕比擬楊貴妃。當時仍是歌舞繁華的太平盛世，李白應該沒有諷刺貴妃之意。不過杜甫這首詩不一樣，他說：**「昭陽殿裡第一人，同輦隨君侍君側。」**在趙飛燕得寵之前，漢成帝本來最愛班婕妤，而班婕妤則是有才有德的女子。有次漢成帝出遊時，要班婕妤與他共乘一輦，但是班婕妤拒絕了，她說：「我看古代的圖畫，賢聖之君的身旁都是名臣，國家將亡的君主旁才是他們寵愛的妃子。因此我不敢與皇上同輦。[276]」漢成帝也認為班婕妤說得好！

杜甫在思君愛君之時，若他看到不對的事情，他就是會忍不住寫下來。詩裡用了這個典故，說玄宗與貴妃同輦，便可以預見後事，算是下筆很重了。

另外，**「一笑正墜雙飛翼」**則讓人想起後來白居易的〈長恨歌〉，傳說玄宗與貴妃曾在宮中立誓長相廝守：**「七月七日長生殿，夜半無人私語時。在天願作比翼鳥，**

在地願為連理枝。」而今「比翼鳥」已被射落，貴妃與玄宗天人永隔。

初唐張若虛的名作〈春江花月夜〉說：**「人生代代無窮已，江月年年祇相似。」「昨夜閒潭夢落花，可憐春半不還家。」**不管人事一代一代如何更迭，江月都是類似的，但是春天已經過了一半，花朵已經飄落，在這可憐可愛的春天，為何還不回家呢？杜甫說：**「人生有情淚沾臆，江水江花豈終極？」**唉，人豈像江水、江花那般自開自落、似乎永恆不變？人啊，會因為感情而哭泣的。晚唐李賀〈金銅仙人辭漢歌〉所說的**「天若有情天亦老」**，與老杜的心境頗為類似，天地似乎永恆不變，但天地若有感情，也是會哭泣衰老的。

到了初夏，安史軍忙於應付進軍至長安北面的郭子儀官軍，可能對城中人的控制較為鬆懈，因此杜甫竟然可以逃出長安！

喜心翻倒極，嗚咽淚霑巾

杜甫在城中時非常想念家人，例如他也想念兒子：「**驥子**（宗文小名）**好男兒，前年學語時。問知人客姓，誦得老夫詩。世亂憐渠小，家貧仰母慈。**[277]」但是杜甫得了一種名為「儒家」的強迫症——他聽說朝廷的行在所（行宮所在）已經遷到扶風，並將當地更名為鳳翔。他一逃出長安城，竟然不是回家，而是連夜奔往鳳翔。從事後追憶的詩看來，杜甫此次奔逃相當狼狽：

述懷（節錄）　杜甫

去年潼關破，妻子隔絕久。今夏草木長，脫身得西走。
麻鞋見天子，衣袖露兩肘。朝廷慜生還，親故傷老醜。
涕淚授拾遺，流離主恩厚。柴門雖得去，未忍即開口。
寄書問三川，不知家在否。

杜甫穿著麻鞋破衣去謁見皇上，肅宗也很感動，念他一片忠心耿耿，便授予他「左拾遺」一職，也就是擔任諫官，隨時針對朝政提供建言。朋友都很驚訝，怎麼幾個月不見，他已經變得又老又醜。不過杜甫倒不在乎老醜，他一方面留淚感謝皇上的賞識，一方面寄信給家人。他的另一組名詩則記述了他抵達行在所的喜悅：

喜達行在所三首　　杜甫

西憶岐陽信，無人遂卻回。眼穿當落日，心死著寒灰。
霧樹行相引，蓮峰望忽開。所親驚老瘦，辛苦賊中來。
愁思胡笳夕，淒涼漢苑春。生還今日事，間道暫時人。
司隸章初睹，南陽氣已新。喜心翻倒極，嗚咽淚霑巾。
死去憑誰報，歸來始自憐。猶瞻太白雪，喜遇武功天。
影靜千官裡，心蘇七校前。今朝漢社稷，新數中興年。

大意是原本在城中時已經心如死灰，不抱期待，但竟然逃了出來，在濃霧的樹林中找路，忽然就見到目的地。大家一見到杜甫出現，都很驚訝他怎麼變得又老又瘦，可見他從賊軍中逃到鳳翔歷經了千辛萬苦。到了行在，杜甫發現這裡已經氣象一新，看來大家對於反攻京城充滿希望，這肯定是中興復國的一年。想到在山間小路逃生時，不知何時會遇難，只能暫時還有個人樣。今天生還了，真是**「喜新翻倒極」**，超級喜翻！

杜甫最大的心願就是**「致君堯舜上」**，這時他終於在皇上身邊任官了，他會怎麼做？當然是立即上工，認真寫奏章、提供建議給皇上。

但是他很快就遇到一個大問題。當時琴師董廷蘭仗著自己與宰相房琯的親近關係，因此數次收受賄賂。肅宗聽說這件事後大怒，決定罷掉房琯的宰相職位[278]。新官上任的杜甫此時上書說：「這是小罪，不宜罷免宰相。[279]」肅宗對房琯領軍的陳陶一役傷亡慘重，已經非常不滿，但帶兵打仗，誰敢說必勝？琴師事件應該只是肅宗罷免他相位的一個機會。杜甫自己也寫了〈悲陳陶〉一詩，很清楚該役的問題。但是沒辦法，他有儒家強迫症，他認為對的事情就一定要說出口。

杜甫因此事觸怒肅宗，加以他終於得到夢寐以求的家書，**「熊兒幸無恙，驥子最憐渠**[280]**」**，不僅他一向憐愛的大兒子驥子杜宗文安然無事，夫人也平安無恙生下次子熊兒杜宗武。接到這封信，可以想見杜甫有多麼喜翻。既然此時肅宗對他也有所不滿，他便向皇上請假回家。在送行宴上，杜甫寫了〈留別賈嚴二閣老兩院補闕〉一詩與「中書舍人」賈至、「給事中」嚴武等人告別。

但是肅宗應該真的很生氣，竟然要他走路回家。他從鳳翔走到邠州時，寫詩[281]給當地的將君李嗣業說：**「鳳翔千官且飽飯，衣馬不復能輕肥。青袍朝士最困者，白頭拾遺徒步歸。」**他知道鳳翔的官員頂多只求吃飽，所以衣、馬也都短缺。但是在朝庭中的青袍（低階官員）之中，最困苦的就是他這個滿頭白髮的左拾遺了。**「妻子山中哭向天，須公櫪上追風驃」**，希望將軍能賜他一匹快馬，讓他能早點回去安慰哭泣的妻子。

李將軍應該有送他一匹馬，讓杜甫不到一個月就回到家，**「夜闌更秉燭，相對如夢寐」**，寫下這組不敢相信自己真的回家了，還以為身在夢中的詩：

羌村三首　杜甫

崢嶸赤雲西，日腳下平地。柴門鳥雀噪，歸客千里至。
妻孥怪我在，驚定還拭淚。世亂遭飄蕩，生還偶然遂。
鄰人滿牆頭，感嘆亦歔欷。夜闌更秉燭，相對如夢寐。

晚歲迫偷生，還家少歡趣。嬌兒不離膝，畏我復卻去。
憶昔好追涼，故繞池邊樹。蕭蕭北風勁，撫事煎百慮。
賴知禾黍收，已覺糟床注。如今足斟酌，且用慰遲暮。

群雞正亂叫，客至雞鬥爭。驅雞上樹木，始聞叩柴荊。
父老四五人，問我久遠行。手中各有攜，傾榼濁復清。
苦辭「酒味薄，黍地無人耕。兵革既未息，兒童盡東征」。
請為父老歌，艱難愧深情。歌罷仰天嘆，四座淚縱橫。

這三首詩中，就如〈春望〉一般，杜甫仍從個人家庭的悲歡，聯想到國家的興亡，這是屬於杜甫的襟懷。雖然當地人最難受的是小孩都去從軍東征了，不過我讀了最動容的是**「嬌兒不離膝，畏我復卻去」**，小孩很怕爸爸不知道什麼時候又會離去，整天都坐在他的膝上。這種場景在〈北征〉這首長詩中也出現了：

北征（節錄）　杜甫

歸至鳳翔，墨制放往鄜州作。

瘦妻面復光，癡女頭自櫛。學母無不為，曉妝隨手抹。
移時施朱鉛，狼籍畫眉闊。生還對童稚，似欲忘飢渴。
問事競挽鬚，誰能即嗔喝？

瘦弱的妻子臉上終於重現光彩，小女兒不僅自己會梳頭了，還會學媽媽化妝，只是化得亂七八糟就是了。自己可以生還來見這些小孩，根本就忘了路途中的飢渴。他們問我事情時，還會來一邊拔我的鬍鬚。看著他們可愛的臉，又怎麼忍心罵他們呢？

細推物理須行樂，何用浮榮絆此身？

該年底，在回紇兵的協助下，安史軍節節敗退，官軍終於收復了長安！肅宗不僅率軍回京，也派人迎接太上皇回京團聚。據說[282]玄宗回到宮廷時，肅宗捧著他的腳哭泣，並要將皇位還給玄宗，然而玄宗說：「天數、人心都在你身上，你如果可以讓我好好頤養天年，就是孝順了。」然後親自為肅宗披上黃袍，如此一來，才算是正式傳位給了肅宗。

想當然耳，杜甫聽到官軍收復京城，立即趕回長安，仍任門下省左拾遺。此時朝廷一方面論功行賞，並大赦天下；一方面則懲處於安祿山朝中任職的官員。例如王維由給事中責授太子中允，這個懲處實在非常輕微，但杜甫的忘齡好友廣文館老博士鄭虔，則被貶為台州司戶參軍。

詔令下來，杜甫寫了一首詩給王維：

奉贈王中允　杜甫

中允聲名久，如今契闊深。共傳收庾信，不比得陳琳。
一病緣明主，三年獨此心。窮愁應有作，試誦白頭吟。

大意是王維忠於大唐的名聲久傳，只是遲遲未能見你一面。大家都說皇上仍將你留在朝廷，是因為愛惜你的才華，你就像南朝梁的庾信也不是自願留在北朝任官的。當然更不像漢末在袁紹軍中大罵曹操的陳琳，後來卻歸順曹操。你在安史軍中佯病，三年來都心向著明主。在窮困愁苦之時，想必也唸著〈白頭吟〉一類的詩歌，表明自己的忠貞吧。

杜甫可能也聽過王維被安史軍拘禁於菩提寺時，寫給裴迪的那首詩：「**萬戶傷心生野煙，百僚何日更朝天。**」既然今日百官再次朝向天子了，杜甫因為欣賞王維的忠心，因此寫這首詩給他。不過王維已讀不回，老杜太不懂人情世故，因為在安祿山朝中任職一事，絕對是王維此時最不想提起的一件事，他此時只想過著半退隱的生活。

另外，老鄭虔被貶出京城時，可能是詔令又快又急，杜甫竟然來不及去見他一面，只能寫詩寄給他，並預知兩人從此永訣了，只期望在黃泉路上仍有相見之時：

送鄭十八虔貶台州司戶，傷其臨老陷賊之故，闕為面別，情見於詩　杜甫

鄭公樗散鬢成絲，酒後常稱老畫師。萬里傷心嚴譴日，百年垂死中興時。
蒼惶已就長途往，邂逅無端出餞遲。便與先生應永訣，九重泉路盡交期。

杜甫說鄭公是《莊子》中如樗（ㄕㄨ）木、散木[283]一般的無用之材，而且已經兩鬢斑白，安祿山根本不可能重用他。只看他酒後都只稱自己為「老畫師」，也知道他不可能為了追求榮華而投靠安祿山。鄭公受到的懲處真是太過嚴厲了，如今要被貶萬里之外，怎麼不令人傷心？在朝廷正要中興之時，他卻已是垂死老人。詔令一下，他必須匆忙踏上長途，而自己竟然沒機會為他餞行。這次與先生應該就是永訣了，希望兩人在黃泉路上仍有再會之日。

這首詩可謂**「萬轉千迴，純是淚點，都無墨痕[284]」**。在杜甫之前，許多人都曾寫七言律詩與朋友餞別，但沒有人能如杜甫這首寫得如此斑斑血淚。

告別朋友之後，杜甫這個一人大樂隊再次登場奏樂。他沒有從之前上書為房琯陳情一事得到教訓，反而更日以繼夜的寫諫書。例如這首很可愛的詩：

春宿左省　杜甫

花隱掖垣暮，啾啾棲鳥過。星臨萬戶動，月傍九霄多。
不寢聽金鑰，因風想玉珂。明朝有封事，數問夜如何。

古代在朝當官要值夜班，隨時待命。這首詩大意是他在春天時於左省（即門下省）值夜，從黃昏時花朵漸漸看不清、棲鳥歸巢開始，一直寫到星月臨空。那他在做什麼呢？杜甫說快天亮了吧？是不是、是不是？好像聽到開門的聲音了，百官都快來了，我已經寫好奏摺，好想趕快天亮，我好想趕快開工啊！

念到杜甫這首詩時，我都會想起白居易值夜班時說：**「獨坐黃昏誰是伴，紫薇花對紫微郎。**[285]**」**沒有公文要處理，他一個人好無聊啊好無聊，只有紫薇花陪著他這個中書省紫微郎。這時就可以看出大家的工作態度了。白居易和杜甫一個隨波逐流百無聊賴，一個兢兢業業迫不及待。你們覺得誰的官運比較亨通呢？

杜甫的好友岑參此時任「右補闕」，職務與「拾遺」類似，都是規諫朝廷缺失。岑參寫詩〈寄左省杜拾遺〉說：**「聖朝無闕事，自覺諫書稀。」**皇上聖明，沒有任何缺失，他好像沒有諫書可寫。我猜岑參這首詩應該不是要吹捧肅宗，而是暗示杜甫要收斂一點，不要太多話了。

但是，你怎麼能叫一人大樂隊安靜一點呢？杜甫〈奉答岑參補闕見贈〉只回答：**「故人得佳句，獨贈白頭翁。」**你的詩佳句連發，謝謝你寫給我這個白髮老翁。不知杜甫是沒聽懂岑參的暗示，還是他沒打算改變。

除了寫奏章諫書，杜甫也會跟其他官員應酬。例如講述王維生平時，我們知道中書舍人賈至寫了一首〈早朝大明宮呈兩省僚友〉，岑參、王維和杜甫都寫了詩應和。我很喜歡想像他們幾個人每天上朝時的表情，王維應該是誰也不理，杜甫則雙眼熱切的要冒出火來，而岑參則小心翼翼的觀察大家的言行。

這段時期，可能是杜甫人生志業最快樂的一段時間吧？春天到了，四十七歲的杜甫對於國家前途充滿希望，他寫詩〈洗兵馬〉說：**「三年笛裡關山月，萬國兵前草木

風。」這三年來全國各地草木皆兵，所有城市都如邊塞關山，幸而此時有「成王」李豫（即後來登基的唐代宗）、「郭相」郭子儀、「司徒」李光弼、「尚書」王思禮等文武大臣，才得以收復京城。但是要小心啊，**「攀龍附鳳勢莫當」**，此時有些小人會來攀附這些賢臣。杜甫只希望**「安得壯士挽天河，淨洗甲兵長不用」**！軍隊可以洗淨甲兵，從此不再有戰爭了。

然而，工作狂杜甫此時也漸漸發現皇上根本不在意他寫的奏表諫書了，他說**「腐儒衰晚謬通籍[286]」**，應該是哪裡弄錯了，才會把我這個衰老的腐儒登錄在官籍，**「衰職曾無一字補」**，我寫的文章根本連一個字都沒派上用場。

他在這個春天再次來到曲江，寫下這兩首名詩：

曲江二首　杜甫

一片花飛減卻春，風飄萬點正愁人。且看欲盡花經眼，莫厭傷多酒入脣。
江上小堂巢翡翠，苑邊高冢臥麒麟。細推物理須行樂，何用浮榮絆此身？

朝回日日典春衣，每日江頭盡醉歸。酒債尋常行處有，人生七十古來稀。
穿花蛺蝶深深見，點水蜻蜓款款飛。傳語風光共流轉，暫時相賞莫相違。

在杜甫之前，幾乎沒有這麼好的七言律詩，這兩首我推薦喜歡古詩詞的人可以背下來。大意是春深花落，他只能日日飲酒，誰知道能活到幾歲呢？**「人生七十古來稀」**，或許他該考慮退隱了？仔細想想事物的道理，一切都如春花稍縱即逝，**「何用浮榮絆此身」**，他根本不在意世間的虛名啊！春天的一切美好，都只是**「暫時」**的，哪怕在春天就典當春衣、到處欠下酒債，更哪怕春花落盡，你看蛺蝶和蜻蜓多自在逍遙？最重要的就是及時行樂啊！

第一首從「一片花飛」、「風飄萬點」再到花已經「欲盡」，層層感傷的進逼下，杜甫即使知道酒喝多了會傷身，也只能以飲酒回敬這些凋零殆盡的春花。後來的文人也都懂得傷春惜花了，如白居易〈惜牡丹花〉說：**「明朝風起應吹盡，夜惜衰紅把火看。」**李商隱〈花下醉〉寫：**「客散酒醒深夜後，更持紅燭賞殘花。」**相較之下，白居易只是淡淡的惆悵，李商隱則更進一層，在喝醉繼而酒醒之後，仍然要再把握光陰賞花。難怪後人會說，大家都學杜甫寫詩，但只有李商隱可以學到杜甫的精髓[287]。

接著說**「江上小堂巢翡翠，苑邊高冢臥麒麟」**，江上權貴的宅邸小堂，如今人去樓空，只有翡翠鳥在其間築巢；曲江邊芙蓉苑旁的權貴墳冢，如今冢前的石麒麟已倒臥在地，無人維護。這是藉著翡翠鳥築巢，以今日的荒涼反襯昔日的繁華，非常寫實。後來的劉禹錫〈金陵五題其二：烏衣巷〉則是虛寫，他說昔日東晉時在王、謝家築巢的燕子，如今都飛到一般人家了。雖然劉禹錫不可能看到這些燕子數百年來的遷徙，但他以眼前的燕子，想像數百年的繁華與荒涼，這種寫法也非常棒：**「朱雀橋邊野草花，烏衣巷口夕陽斜。舊時王謝堂前燕，飛入尋常百姓家。」**不過跟杜甫相較之下，劉禹錫是理性重於感性了，不像杜甫有切身之痛。

第二首簡言之是「留住春天」，雖然他知道這只是「暫時」的，就像他逃出長安、奔往鳳翔時也說**「間道暫時人」**，在間道（小徑）只能暫時當個人，誰知道人生的下一刻有什麼變故呢？所以酒債也好、典春衣也好，他都不放在心上，只有眼前的蛺蝶、蜻蜓、落花和酒，才是最重要的。這一首可以和這兩首宋詞參讀，古人真是不餘遺力的「傷春」啊，他們對季節變化好敏感：歐陽脩〈蝶戀花〉（庭院深深深幾許）：

「雨橫風狂三月暮，門掩黃昏，無計留春住。淚眼問花花不語，亂紅飛過秋千去。」

李清照〈一剪梅〉：**「花自飄零水自流。一種相思，兩處閒愁。此情無計可消除。才下眉頭，卻上心頭。」**

但是誰又有能力「留春」呢？我不知道杜甫是有多絕望才會寫下這兩首詩，倒是可以肯定肅宗仍然在生房琯的氣，因此將房琯與他的好友張鎬、嚴武一併貶出長安。杜甫也不能倖免，被貶為華州司功參軍。杜甫淒涼的離開京城，寫下〈至德二載，甫自京金光門出，間道歸鳳翔。乾元初，從左拾遺移華州掾，與親故別，因出此門有悲往事[288]〉，從詩題中，我們知道當年杜甫就是從京城的金光門逃出長安，奔往鳳翔的行在。今天，他則從金光門前往華州就任，結束了他短暫在朝為官的生活。

束帶發狂欲大叫，簿書何急來相仍？

肅宗乾元元年（七五八年），杜甫舉家搬遷到長安東方不遠的華州，但那裡的工

作環境可不太舒適：

早秋苦熱堆案相仍　杜甫

七月六日苦炎熱，對食暫餐還不能。每愁夜中自足蠍，況乃秋後轉多蠅。束帶發狂欲大叫，簿書何急來相仍。南望青松架短壑，安得赤腳蹋層冰。

不僅白天熱到吃不下飯，蠍子半夜來螫他的腳，而且入秋後蒼蠅也多了起來。他委屈到想要大叫，偏偏公文還堆滿他的辦公桌。望著南方山谷中的青松，何時才能光著腳踏在冰塊上呢？

這首詩真是很特別，不僅稱不上七言律詩，簡直稱不上詩了。一般來說，七言律詩不是應該平仄和諧、典雅莊重嗎？但是杜腐儒寫**「七月六日苦炎熱」**（仄仄仄仄仄仄平仄）、**「束帶發狂欲大叫」**（仄仄仄平仄仄仄），不僅非常白話，還滿滿的仄聲字，看來他真的熱瘋了。

可能是貶官之故，杜甫這個秋天常常想起被流放夜郎的李白，李白甚至入了杜甫的夢中，這可能不是好兆頭：

夢李白二首　杜甫

死別已吞聲，生別常惻惻。江南瘴癘地，逐客無消息。
故人入我夢，明我長相憶。君今在羅網，何以有羽翼？
恐非平生魂，路遠不可測。魂來楓林青，魂返關塞黑。
落月滿屋梁，猶疑照顏色。水深波浪闊，無使蛟龍得！

浮雲終日行，遊子久不至。三夜頻夢君，情親見君意。
告歸常局促，苦道來不易：江湖多風波，舟楫恐失墜。
出門搔白首，若負平生志。冠蓋滿京華，斯人獨憔悴！
孰云網恢恢？將老身反累！千秋萬歲名，寂寞身後事。

大意是李白你在羅網之中，怎麼有辦法從江南飛來我夢中呢？這段路可不好走啊，你回去時要小心不要讓水中的蛟龍抓走了。我連續三晚夢見你，可見你也很想我吧！**「冠蓋滿京華，斯人獨憔悴」**，京城中到處都是戰後受封賞的大官，只有你獨自憔悴、流落在外。**「千秋萬歲名，寂寞身後事」**，以你的才華，名聲肯定會流傳千古，但若是帶著寂寞的心情過世，名聲又有什麼用呢？

這首詩不僅是哀憐李白，應該也是杜甫寫給自己的。到了秋天重陽節，杜甫也覺得自己日漸衰老，跟朋友喝酒時強顏歡笑，不知道這次聚會的人，明年有誰還健在：

九日藍田崔氏莊　杜甫

老去悲秋強自寬，興來今日盡君歡。羞將短髮還吹帽，笑倩旁人為正冠。
藍水遠從千澗落，玉山高並兩峰寒。明年此會知誰健？醉把茱萸仔細看。

同樣在這藍田崔氏莊，杜甫想起了在藍田經營輞川別墅的給事中王維。王維〈山居秋暝〉說：「**空山新雨後，天氣晚來秋。明月松間照，清泉石上流。**」〈輞川集：竹里館〉則說：「**獨坐幽篁裡，彈琴復長嘯。深林人不知，明月來相照。**」看來他很喜歡松間、竹林裡的生活。杜甫在〈崔氏東山草堂〉則說這裡果然是「**高秋爽氣相鮮新**」，而且還會聽見佛寺的鐘聲，「**有時自發鐘磬響**」，奇怪王維為什麼不好好留在別墅隱居，反而讓大門深鎖著他喜愛的松樹竹林，卻仍然要去當「給事中」呢？「**何為西莊王給事，柴門空閉鎖松筠？**」

或許杜甫太黑白分明了，無法明白王維的心境，「色即是空，空即是色」。

「**明年此會知誰健？**」杜甫的確有理由憂心忡忡，沒多久之後，朝廷派遣郭子儀、李嗣業等九名節度使圍攻在東方相州的安慶緒，然而一方面群龍無首，無法有效進攻，另一方面本已歸順的史思明再次叛亂，戰事目前還看不到盡頭。

然後到了冬末，杜甫因公至東都洛陽[289]途中見到了令人心碎的徵兵場景，臨老仍要從軍，明知一定有去無還，老妻還勸他要多吃點飯：

垂老別　杜甫

四郊未寧靜，垂老不得安。子孫陣亡盡，焉用身獨完！
投杖出門去，同行為辛酸。幸有牙齒存，所悲骨髓乾。
男兒既介胄，長揖別上官。老妻臥路啼，歲暮衣裳單。
孰知是死別，且復傷其寒。此去必不歸，還聞勸加餐。
土門壁甚堅，杏園度亦難[290]。勢異鄴城下，縱死時猶寬。
人生有離合，豈擇衰盛端！憶昔少壯日，遲回竟長嘆。
萬國盡征戍，烽火被岡巒。積屍草木腥，流血川原丹。
何鄉為樂土？安敢尚盤桓！棄絕蓬室居，塌然摧肺肝。

這首〈垂老別〉加上後來陸續寫的〈新婚別〉**「暮婚晨告別，無乃太匆忙」**，〈無家別〉**「人生無家別，何以為烝黎」**，以及之後的〈新安吏〉**「肥男有母送，瘦男獨伶俜（ㄆㄧㄥ）」**、〈石壕吏〉**「暮投石壕村，有吏夜捉人」**和〈潼關吏〉**「士卒何草草，築城潼關道」**，便是著名的「三吏三別」，不僅奠定了杜甫「詩史」的地位，更可以看出他對於百姓的苦難，無法視而不見。

孟子云：「**禹思天下有溺者，由己溺之也；稷思天下有飢者，由己飢之也。**[291]」杜甫曾經認為自己應該效法輔佐舜的稷與契，「**竊比稷與契**[292]」，也一心想要「**致君堯舜上**」。如今這個希望雖然逐漸落空，但是儒家強迫症還在，也還記得「**人溺己溺**」，他至少還能寫詩記錄下來。

在戰亂中，每一次生離都可能是死別。因此，杜甫在隔年春天見到二十年未見的老友時，也覺得太不真實了，寫下這首現在高中生都會念的詩：

贈衛八處士　　杜甫

人生不相見，動如參與商。今夕復何夕，共此燈燭光。
少壯能幾時？鬢髮各已蒼！訪舊半為鬼，驚呼熱中腸。
焉知二十載，重上君子堂。昔別君未婚，兒女忽成行。
怡然敬父執，問我來何方。問答未及已，兒女羅酒漿。
夜雨剪春韭，新炊間黃粱。主稱會面難，一舉累十觴。

十觴亦不醉，感子故意長。明日隔山嶽，世事兩茫茫。

大意是人生若無緣，便如參、商兩顆星永遠不會相見。二十年不見，一打聽之下，兩人的朋友已有半數離世。今天朋友已結婚生子，兩人盡情飲酒。明天過後，兩人隔著重重山嶽，或許又音訊全無了。

經過了「**永日不可暮，炎蒸毒我腸**[293]」的夏天，就又到了秋天，杜甫已經在當此司功參軍一年多了。他既無法像王維在朝庭中默不作聲，也無法像王昌齡甘於沉淪下僚，只為五斗米折腰，他想到了陶淵明所說：「**歸去來兮，田園將蕪胡不歸？既自以心為形役，奚惆悵而獨悲？**[294]」該退隱回歸田園了，如果你自己不聽從心之所願，而每日案牘勞形，又有什麼好愁悵的？因此杜甫也寫下：「**平生獨往願，惆悵年半百。罷官亦由人，何事拘形役？**[295]」

沒多久之後，四十八歲的杜甫就辭職「罷官」了，他追求志業理想的正式官場生涯也到此結束。然而，杜甫的退隱生活可不像孟浩然那麼愜意，他根本無家可以告別，也無家可歸。

露從今夜白，月是故鄉明

肅宗乾元二年（七五九），杜甫舉家從華州離開，一路西行來到了秦州（今甘肅省天水市），此時正是農曆節氣中的「白露」，他寫下這首詩，想念分散各處的弟弟，然而卻「無家」可以寄信：

月夜憶舍弟　杜甫

戍鼓斷人行，邊秋一雁聲。露從今夜白，月是故鄉明。
有弟皆分散，無家問死生。寄書長不達，況乃未休兵。

杜甫在當地有一位遠房親戚杜佐，也有一位長安大雲寺的老朋友贊上人。他四處拜訪故人，看看這裡是否可以安身立命，並寫下〈秦州雜詩二十首〉，歌詠當地歷史及景物。另外，他也在山間認識了一位佳人，寫下這首名詩：

佳人　杜甫

絕代有佳人，幽居在空谷。自云良家子，零落依草木。

關中昔喪亂，兄弟遭殺戮。官高何足論，不得收骨肉。

世情惡衰歇，萬事隨轉燭。夫婿輕薄兒，新人美如玉。

合昏尚知時，鴛鴦不獨宿。但見新人笑，那聞舊人哭。

在山泉水清，出山泉水濁。侍婢賣珠回，牽蘿補茅屋。

摘花不插髮，采柏動盈掬。天寒翠袖薄，日暮倚修竹。

大意是她本來是高官子女，但因遭逢戰亂，兄弟皆亡，丈夫又喜新厭舊，如今佳人獨居於此。**「但見新人笑，那聞舊人哭」**，其中或許也有杜甫同病相憐，自己不受朝廷重用的感慨吧。**「在山泉水清，出山泉水濁」**，初心是好的，要保持清澈的初心，怎麼那麼困難呢？

杜甫寫了信給高適和岑參[296]，說他已經患了瘧疾三年，**「三年猶瘧疾，一鬼不銷亡」**，現在老態龍鍾，不知何去何從，**「何太龍鍾極，於今出處妨」**。不過時任彭州刺史的高適和虢州長史的岑參，目前都無法汲引杜甫。他也寫詩寄賈至和嚴武[297]，此時賈至被貶為岳州司馬，嚴武被貶為八州刺史，**「故人俱不利，謫宦兩悠然」**，但是杜甫相信他們兩人必將再度受到朝廷重用，**「如公盡雄俊，志在必騰騫」**，不過「俱不利」的這兩人此時更是無法協助杜甫。

冬天降臨，杜甫發現他在此地無法謀生之後，決定舉家往較溫暖的南方出發。當他們到達同谷時，早已身無分文，他寫下這組詩，我們得以知道他的生活有多麼窘迫：

乾元中寓居同谷縣作歌七首（其一）　杜甫

有客有客字子美，白頭亂髮垂過耳。歲拾橡栗隨狙公，天寒日暮山谷裡。
中原無書歸不得，手腳凍皴皮肉死。嗚呼一歌兮歌已哀，悲風為我從天來。

乾元中寓居同谷縣作歌七首（其三）　杜甫

有弟有弟在遠方，三人各瘦何人強。生別展轉不相見，胡塵暗天道路長。

東飛駕鵝後鶖鶬，安得送我置汝旁。嗚呼三歌兮歌三發，汝歸何處收兄骨。

乾元中寓居同谷縣作歌七首（其七）　杜甫

男兒生不成名身已老，三年飢走荒山道。長安卿相多少年，富貴應須致身早。

山中儒生舊相識，但話宿昔傷懷抱。嗚呼七歌兮悄終曲，仰視皇天白日速。

第一首描述自己的慘狀。「狙（ㄐㄩ）公[298]」為養猿的人，杜甫說他在寒冷的山谷中，只能像猿猴一樣撿拾橡栗充飢，手腳都已經凍皴（ㄘㄨㄣ，龜裂）。第三首說兄弟三人分散遠方，想必都在挨餓受凍，希望野鳥將我送到你們身邊，不然你們哪知道要去哪裡收我的屍骨呢？第七首說自己尚未成名卻已年老，被貶謫後已過了近三年飢餓的日子。長安多的是年輕的達官貴人，如果想求富貴，真的應該要趁年輕啊！如今只能跟山中相識的儒生一起感嘆，希望皇上能看見他們的忠誠。

不過杜甫倒不是整天一味苦悶，此時心境如果不多一點詼諧，日子怎麼過得下去？所以他在〈空囊〉自嘲：「**囊空恐羞澀，留得一錢看。**」

杜甫一家繼續往南前進，歷經千辛萬苦，終於到了成都。

安得廣廈千萬間，大庇天下寒士俱歡顏

乾元二年底，杜甫抵達成都。成都別名「錦城」或「錦官城」，此時是天下相對安定的地方。或許杜甫在當地的親友故人，看他們一家實在太窮困潦倒，因此大家很快的都給他實際的協助。他在城外的萬里橋西、浣花溪畔得到一塊空地，讓他得以修築一間房子安頓家人，這便是杜甫名傳後世的「草堂」。杜甫對於這個地點非常滿意，他說：

卜居　杜甫

浣花流水水西頭，主人為卜林塘幽。已知出郭少塵事，更有澄江銷客愁。

無數蜻蜓齊上下，一雙鸂鶒對沉浮。東行萬里堪乘興，須向山陰上小舟。

大意是在浣花溪畔卜居，非常清幽，足以削減自己一家的客愁。環境優美，還有蜻蜓和水鳥作伴。或許可以學學東晉的王徽之[299]，半夜乘興便划船去找朋友。

在草堂落成之前，他們一家先寄宿在一座佛寺。營築草房所費不貲，他的一位表弟也慷慨贈金：**「憂我營茅棟，攜錢過野橋。他鄉唯表弟，還往莫辭遙。[300]」** 杜甫還跟人要了松樹的種子，希望能長成如車蓋的大樹：**「欲存老蓋千年意，為覓霜根數寸栽。[301]」** 特別種了松樹，而不是生長快速的竹子，看來他有意在此久居了。

曾與王維在輞川唱和漫遊多年的裴迪，此時也在蜀州任職。杜甫到了成都之後，寫信跟裴迪說：**「老夫貪佛日，隨意宿僧房。[302]」** 也就是他住在一座寺廟。溫暖的裴底迪很快也寫了詩給他，說他在蜀州東亭送客時，看見梅花就想念起杜甫。老杜他鄉遇故知，當然也很感動，回了一首詩：

和裴迪登蜀州東亭送客逢早梅相憶見寄　杜甫

東閣官梅動詩興，還如何遜在揚州。此時對雪遙相憶，送客逢春可自由？
幸不折來傷歲暮，若為看去亂鄉愁。江邊一樹垂垂發，朝夕催人自白頭。

杜甫的文學偶像是南朝的何遜和陰鏗，他說自己寫詩**「頗學陰、何苦用心**[303]**」**。他也曾形容李白的詩**「李侯有佳句，往往似陰鏗**[304]**」**，這裡又以何遜比擬裴迪，可見他對裴迪的評價之高了。

彭州刺史高適也聽說杜甫到了成都，目前寄寓在佛寺，寄了一首詩〈贈杜二拾遺〉給他：**「佛香時入院，僧飯屢過門。……草《玄》今已畢，此後更何言？」**漢朝揚雄在退隱之後埋首寫《太玄經》，如今你自己的《太玄經》也寫完了，今後不要再隱居了吧？杜甫的最後一個官職是司功參軍，但是高適仍稱他拾遺，或許是期勉他不要放棄入朝為官？

杜甫也寫了首詩回答：

酬高使君相贈　杜甫

古寺僧牢落，空房客寓居。故人供祿米，鄰舍與園蔬。
雙樹容聽法，三車肯載書。草《玄》吾豈敢，賦或似相如。

大意是寓居在佛寺裡，幸好有故人親友提供糧米、蔬菜和房舍。在這裡聽僧人說法和讀書，日子過得挺好。我倒不敢說自己在寫《太玄經》，揚雄是受了司馬相如的啟發才寫了〈蜀都賦〉，我寫的賦倒是可以比擬受漢武帝重用的司馬相如。

杜甫言下之意，他並非真心想隱居，但人生一時落魄，只是時不我與。春天到來，屋頂覆著白茅的草堂落成，他說：

堂成　杜甫

背郭堂成蔭白茅，緣江路熟俯青郊。榿林礙日吟風葉，籠竹和煙滴露梢。
暫止飛烏將數子，頻來語燕定新巢。旁人錯比揚雄宅，懶惰無心作〈解嘲〉。

除了環境非常優美，連烏鴉和燕子都來築巢之外，杜甫說可別將這裡當成是揚雄的家：揚雄寫了〈解嘲〉一文說自己寫《太玄經》是想要遠離世事塵囂，我可沒那種心情寫這種文章。

這就是儒家的強迫症發作了，此時戰亂仍未結束，他雖然有了棲身之所，但是人飢己飢，他怎麼可能安心在此隱居呢？在輔佐皇上安定天下之前，他可不能死，三國時諸葛亮在劉備三顧茅廬之前，也是躬耕隱居，杜甫去參拜諸葛亮的祠堂時淚流滿襟，或許也希望皇上能再次想起他吧：

蜀相　杜甫

丞相祠堂何處尋，錦官城外柏森森。映階碧草自春色，隔葉黃鸝空好音。
三顧頻煩天下計，兩朝開濟老臣心。出師未捷身先死，長使英雄淚滿襟。

諸葛亮輔佐劉備、劉禪父子，所以是開創兩朝基業的老臣。最後兩句是千古名句，諸葛亮鞠躬盡瘁，死而後已，令千年來的天下英雄都為之落淚。

既然杜甫自比為司馬相如，他當然也去參觀了紀念司馬相如和夫人卓文君的琴臺。司馬相如一時的貧困多病以及才華，杜甫都心有戚戚焉：

琴臺　杜甫

茂陵多病後，尚愛卓文君。酒肆人間世，琴臺日暮雲。
野花留寶靨，蔓草見羅裙。歸鳳求凰意，寥寥不復聞。

司馬相如以一曲〈鳳求凰〉贏得卓文君芳心，其後兩人經營酒館維生。杜甫看著琴臺旁的野花和蔓草，便聯想到卓文君的笑靨和綠羅裙。千古之下，杜甫認為如自己這般的知音，已經愈來愈少了。

希望皇上再次啟用他，杜甫也知道這種想法不切實際吧，畢竟肅宗就是不喜歡他，所以他也不可能像王維一樣棄官之後，再跑回京城待命。這段相對安定的日子，杜甫難得的與家人過了一段平靜的生活。他一邊務農，**「圓荷浮小葉，細麥落輕花。卜宅從茲老，為農去國賒**305**」**，池塘裡浮著荷花的小葉子，稻田裡麥子落下花瓣，在這個幽美的田園中，應該可以在這裡為農終老，「國」指京城，就這麼遠離京城吧。雖然在「南京」成都耕種久了，難免會想到北方的皇帝，**「南京久客耕南畝，北望傷神坐北窗**[306]**」**，但是可以每天陪著老妻、稚子，也就心滿意足了，**「晝引老妻乘小艇，晴看稚子浴清江」**。這種家庭生活還有一首名詩：

江村　杜甫

清江一曲抱村流，長夏江村事事幽。自去自來堂上燕，相親相近水中鷗。
老妻畫紙為棋局，稚子敲針作釣鉤。多病所須唯藥物[307]，微軀此外更何求？

他如燕子和鷗鳥一般自由自在，老妻和稚子也都能自得其樂。不過這裡說到「多病」，應該是他當官前就罹患的肺疾始終沒有痊癒，**「患氣經時久**[308]**」**，因此他也種了一些藥草：

有客[309]　杜甫

幽棲地僻經過少，老病人扶再拜難。豈有文章驚海內，漫勞車馬駐江干。
竟日淹留佳客坐，百年粗糲腐儒餐。莫嫌野外無供給，乘興還來看藥欄。

大意是他住在這個偏僻的地方，很少車馬經過。今天難得來了客人，卻因為自己老病而難以好好行禮。自己沒有驚動海內的文章，真是難為客人還願意來江邊看望我。佳客一來就留了一整天，我這個不合時宜的腐儒只能招待他吃些粗茶淡飯。你如果不嫌棄這裡沒有可供招待的茶酒，日後有興致隨時可以來看看我的藥欄。

清人浦起龍《讀杜心解》分析這首詩的結構云：**「一賓、二主、三主、四賓、五賓、六主、七主、八賓：續麻而下，結體絕奇。」**也就是賓主、主賓交替著寫，這個分析挺好的，果然是賓主盡歡。一般寫作時，我們稱前後文句用了相同的字或詞為「頂針」或「頂針續麻」，也就是縫紉時下一針是接著上一針穿出的地方，如岑參〈涼州館中與諸判官夜集〉**「胡人半解彈琵琶，琵琶一曲腸堪斷」**，李商隱〈楚吟〉**「山上離宮宮上樓，樓前宮畔暮江流」**，其中「琵琶」、「宮」、「樓」都是頂針。不過這只是就表面文字而言，杜甫這首詩的「頂針續麻」則是就內容而言，這種寫法就更不容易了。

另外，杜腐儒這個藥欄不僅是自己食用，也會分贈一些藥材給客人，甚至還會賣藥，例如有位魏侍御就來跟他買過藥：「**遠尋留藥價。**[310]」

不過賣藥和農耕的收入不足以支撐家計，自古救急不救窮，當官的親友也不可能無止盡的分祿米給他們家：

狂夫　杜甫

萬里橋西一草堂，百花潭水即滄浪。風含翠篠娟娟淨，雨裛紅蕖冉冉香。
厚祿故人書斷絕，恆飢稚子色淒涼。欲填溝壑唯疏放，自笑狂夫老更狂。

戰國屈原〈漁父〉云：「**滄浪之水清兮，可以濯吾纓；滄浪之水濁兮，可以濯吾足。**」杜甫說這裡就是我的滄浪，我總可以找到相處之道。但是在翠篠（ㄒㄧㄠˇ，細竹）紅蕖（ㄑㄩˊ，睡蓮）這麼幽美的環境中，連小兒子都在挨餓。杜甫認為自己不僅是腐儒，簡直可以稱為狂夫了。

兒子還小，不能理解為什麼沒飯可吃，只會哭鬧，**「癡兒未知父子禮，叫怒索飯啼門東**[311]**」**，杜甫應該也內心愧疚吧，他想起自己小時候，可是健壯如牛啊，而且家裡就有採不盡的梨棗，**「憶年十五心尚孩，健如黃犢走復來。庭前八月梨棗熟，一日上樹能千回」**。

不僅兒子哭鬧，連南村群童都來欺負他。這天秋風怒號，屋漏偏逢連夜雨，他寫下這首千古名作：

茅屋為秋風所破歌　杜甫

八月秋高風怒號，卷我屋上三重茅。
茅飛渡江灑江郊，高者掛罥長林梢，下者飄轉沉塘坳。
南村群童欺我老無力，忍能對面為盜賊。
公然抱茅入竹去，脣焦口燥呼不得，歸來倚杖自嘆息。
俄頃風定雲墨色，秋天漠漠向昏黑。布衾多年冷似鐵，驕兒惡臥踏裡裂。
床頭屋漏無乾處，雨腳如麻未斷絕。自經喪亂少睡眠，長夜霑濕何由徹！

安得廣廈千萬間，大庇天下寒士俱歡顏，風雨不動安如山！
嗚呼！何時眼前突兀見此屋，吾廬獨破受凍死亦足！

即使屋頂的茅草被吹走了，兒子踢破棉被了，在這種最窘迫的時刻，杜甫仍然希望災難止於自身，希望其他讀書人可以過更好的生活，**「安得廣廈千萬間，大庇天下寒士俱歡顏」**，真是非常不合時宜的腐儒啊！

宋朝歐陽脩為梅堯臣的文集寫序時，對於**「好詩人多窮困」**這一點提出了解釋：**「寫人情之難言，蓋愈窮則愈工。然則非詩之能窮人，殆窮者而後工也。**[312]**」**大意是詩人因為窮困不得志，才能體會並寫出一般人難以表達的人情，而且愈是窮困，才能寫得愈精細入微。所以不是寫詩會讓人窮困，而是窮困才能寫得好。這時梅堯臣已五十歲，杜甫也年近半百，都是不得已而為「窮者之詩」。

不過歐陽脩的說法放在杜甫身上，則只說了一半。杜甫之所以為詩聖，更是因為他的儒家襟懷**「再使風俗淳」**，無時或忘。

不好過的不只是杜甫。當時肅宗寵信宦官李輔國，宰相群臣欲見皇上，須得到李輔國的同意才行。玄宗自太子至登基都居住於興慶宮，從蜀地返回京城後，仍居住於此，由高力士、陳玄禮、玉真公主等人長相陪伴，梨園子弟仍常為他奏樂。不過此年秋天，李輔國以興慶宮鄰近長安大街，恐太上皇與外人聯合對付肅宗為由，強迫玄宗遷至西內甘露殿，自此老皇帝終日鬱鬱不樂[313]。

在高適和其他朋友的適時援助下[314]，杜甫總算熬過了這個秋冬。肅宗上元二年（七六一年），這年的春天是杜甫詩中最明媚的春天，除了〈春夜喜雨〉、〈客至〉這兩首名作之外，另有〈江畔獨步尋花七絕句〉、〈絕句漫興九首〉、〈春水生二絕〉、〈三絕句〉等好詩，雖然其中仍掩不住一股客愁：

春夜喜雨　杜甫

好雨知時節，當春乃發生。隨風潛入夜，潤物細無聲。
野徑雲俱黑，江船火獨明。曉看紅濕處，花重錦官城。

絕句漫興九首（其一）　杜甫

眼見客愁愁不醒，無賴春色到江亭。
即遣花開深造次，便教鶯語太丁寧。

絕句漫興九首（其三）　杜甫

熟知茅齋絕低小，江上燕子故來頻。
銜泥點汙琴書內，更接飛蟲打著人。

絕句漫興九首（其四）　杜甫

二月已破三月來，漸老逢春能幾回。
莫思身外無窮事，且盡生前有限杯。

客至　杜甫

舍南舍北皆春水，但見群鷗日日來。花徑不曾緣客掃，蓬門今始為君開。

盤飧市遠無兼味，樽酒家貧只舊醅。肯與鄰翁相對飲，隔籬呼取盡餘杯。

雖然連黃鶯、燕子都來欺負他，但是他還有朋友、還有詩酒，「**寬心應是酒，遣興莫過詩**[315]」，杜甫〈可惜〉的這兩句詩，應該可以視為這段日子的寫照。他也說「**為人性僻耽佳句，語不驚人死不休。老去詩篇渾漫興，春來花鳥莫深愁**[316]」，曾經每天想著要如何寫出驚人的名言佳句，但現在寫詩愈來愈隨興，看見花鳥也不會引起他的深愁了。

夏天時劍南東川發生叛亂，但很快被西川節度使之下的花驚定將軍平定。杜甫應該認識這位花將軍，贈了他一首詩：

贈花卿　杜甫

錦城絲管日紛紛，半入江風半入雲。
此曲只應天上有，人間能得幾回聞。

杜甫這首詩乍看是讚揚花卿府中的音樂美妙絕倫，不過後代學者多認為這是在諷刺花卿。唐代禮樂制度相當嚴謹，王維就因「伶人舞黃獅子」而被貶官，**「只應天上有」**，意即此曲只應在皇宮中演奏，花卿是僭用天子禮樂了。花驚定雖然平定叛亂，但據說[317]為人相當殘暴，平亂後便縱容將士劫掠平民。

既然如此，儒家強迫症杜甫一定要寫詩諷刺才行，他甚至另外還有一首〈戲作花卿歌〉：**「人道我卿絕世無。既稱絕世無，天子何不喚取守京都。」**你要是果真勇猛絕世無雙，天子為何不叫你去守京城？

不知道花卿是看不懂其中的諷刺，還是他根本不在意，所以杜甫寫詩後仍安然無事呢？清人楊倫在《杜詩鏡銓》的解釋很好：**「似諛似諷，所謂言之者無罪，聞之者足戒也。此等絕句，亦復何減龍標**（王昌齡）**、供奉**（李白）**。」**杜甫寫得又像阿諛又像諷刺，所以寫的人無罪，聽的人才要戒慎恐懼，這種絕句比得上王昌齡和李白。

花近高樓傷客心，萬方多難此登臨

這年冬天，杜甫的世交好友嚴武到成都擔任劍南西川節度使。如此一來，杜甫一家就能擺脫三餐不繼的生活了。即使嚴武未安排杜甫擔任官職，但是日常飲食的照料應該綽綽有餘，相對的，杜甫也能為他提供各種施政建議[318]。

然而好景不長，隔年夏天（七六二年），玄宗與肅宗相繼去世，太子李豫繼位，是為唐代宗，改元「寶應」。

代宗登基之後，嚴武被召回朝，杜甫為他送行，**「遠送從此別，青山空復情。幾時杯重把，昨夜月同行**[319]**」**，送了又送，依依不捨。

這還不夠糟，命運繼續考驗杜甫。嚴武才走沒多久，劍南兵馬使徐知道叛亂。杜甫立即帶著家人逃到東北方的梓州，離開了他好不容易經營一段時間的草堂，**「經營上元始，斷手寶應年**[320]**」**，現在又要重新漂泊了，**「偶攜老妻去，慘澹凌風煙」**，不知道草堂旁種下的四棵小松樹，是否被蔓草所纏繞，**「尚念四小松，蔓草易拘纏」**。

梓州離匡山不遠，不過李白在這一年過世了，杜甫雖然寫詩召喚李白：**「匡山讀

書處，頭白好歸來」，但杜甫終究沒等到李白。

也是有好消息。到了秋天，徐知道之亂已經平息。另外，據說[321]代宗派人祕密暗殺了「貌儜陋」而專斷橫行的李輔國，給他的諡號是「醜」，應該很難找到更難聽的諡號了。

安史軍幾年下來不斷內鬨，安慶緒先殺安祿山，史思明又殺安慶緒。去年，史思明之子史朝義則殺史思明。今年，官軍在回紇軍隊的協助下，終於反攻洛陽，史朝義敗逃。不過對百姓來說，前門甫驅虎，後門又進狼。回紇兵一入洛陽，便大肆燒殺劫掠，百姓甚至只能以破紙為衣[322]。

代宗寶應二年（七六三年），史朝義手下諸將一一投降，官軍也終於擊潰史朝義，歷時七年多的安史之亂至此結束。回想這些年來流離失所，杜甫和妻子欣喜若狂，刻下了這首名詩：

聞官軍收河南河北　　杜甫

劍外忽傳收薊北，初聞涕淚滿衣裳。卻看妻子愁何在，漫卷詩書喜欲狂。

白日放歌須縱酒，青春作伴好還鄉。即從巴峽穿巫峽，便下襄陽向洛陽。

雖然詩中杜甫說他打算返回他在洛陽的老家，但或許是他聽說目前洛陽仍不安定，所以遲遲沒有成行。同樣這個春天，高適至成都任劍南西川節度使，不過杜甫也沒有回去成都草堂，他對自己的去留躊躇不決。幸好梓州刺史章彝很欣賞杜甫，所以杜甫暫時還能攜家帶眷留下來。

安史之亂雖然結束，但天下卻無法回復寧靜。這年初秋，吐蕃攻陷隴右諸州，初冬，吐蕃又陷邠州。然後舊事重演，吐蕃攻陷京城，代宗逃往陝州[323]。這些消息聽得杜甫心急如焚，**「和親知拙計，公主漫無歸[324]」**，朝廷與吐蕃和親，根本不是一條好計，只徒然讓公主無法歸國。**「狼狽風塵裡，群臣安在哉[325]」**，到底有哪位大臣可以再次力挽狂瀾？

此時代宗再度啟用郭子儀為關內副元帥，而郭子儀只帶著幾十個騎兵，沿途逐步收攏各地殘兵，然後一舉收復長安。不過撤退的吐蕃軍隊，此後又攻陷松州、維州。自此之後，大唐與吐蕃、回紇的戰事便未曾平息。由此可知安史之亂讓大唐的元氣大傷了。

可能是朝廷用人孔急，也可能是代宗不像肅宗那麼討厭杜甫，春天到來，皇上終於再度想起杜甫這位老儒，授予他京兆功曹參軍一職，得以回到京城任官。這個職位是正七品下，算是升官了。不過杜甫或許認為自己已經太老了，沒辦法再去應付參軍無止盡的文書工作吧，他沒有接受任命。他寫詩〈憶昔〉說，**「憶昔開元全盛日，小邑猶藏萬家室」**，他還記得玄宗的開元盛世，連一個小城市都有萬戶人家，**「小臣魯鈍無所能，朝廷記識蒙祿秩」**，感謝朝廷仍記得他，但今日他已魯鈍而無能為力。

然後傳來另一個好消息：嚴武回到成都擔任劍南節度使，並來信邀杜甫也回成都。無論是基於兩人的交情和信任，或是杜甫一家也無法再寄人籬下了，因此他決定赴成都草堂，並且先寫了幾首詩回覆嚴武：

將赴成都草堂途中有作先寄嚴鄭公五首（其四）　杜甫

常苦沙崩損藥欄，也從江檻落風湍。新松恨不高千尺，惡竹應須斬萬竿！
生理祇憑黃閣老，衰顏欲付紫金丹。三年奔走空皮骨，信有人間行路難。

大意是他擔心自己的藥欄不知是否崩損了，也想著他的小松樹應該還沒長大，竹子如果生長得太茂盛則要砍除才行。將來的生計就要依靠嚴武，身體的病痛就要靠丹藥了。自代宗寶應元年至廣德二年（七六四）兩人分離這三年來，自己已經瘦得皮包骨，原來在人間行走，真的如此困難啊。

回成都途中，他先去了老友房琯位於閬州的墓地，他已經在去年過世了[326]，杜甫留詩：

別房太尉墓　杜甫

他鄉復行役，駐馬別孤墳。近淚無乾土，低空有斷雲。
對棋陪謝傅，把劍覓徐君。唯見林花落，鶯啼送客聞。

杜甫一家回到成都草堂，真有回家的感覺：

草堂（節錄）　杜甫

入門四松在，步屧萬竹疏。舊犬喜我歸，低徊入衣裾。
鄰舍喜我歸，酤酒攜胡蘆。大官喜我來，遣騎問所須。
城郭喜我來，賓客隘村墟。天下尚未寧，健兒勝腐儒。

不僅舊犬、鄰居、大官歡迎他，甚至連城牆都在歡迎他。當然，最重要的四小松還在，他可以在竹林間步屧（ㄒㄧㄝˋ，木屐。即漫步之意）。此時天下尚未安寧，能征善戰的健兒，比我這個腐儒還重要啊！杜腐儒又來了，正在開心時，他又想到了天下。

登樓　杜甫

花近高樓傷客心，萬方多難此登臨。錦江春色來天地，玉壘浮雲變古今。
北極朝廷終不改，西山寇盜莫相侵。可憐後主還祠廟，日暮聊為梁甫吟。

同樣是錦江春色，杜甫曾在此獨步尋花，但是今天萬方多難，看見高樓旁繁花盛開，卻讓他傷心不已，只能遙望著古今不變的玉壘山浮雲。多年前的春天，他被安史軍留置長安時，寫〈哀江頭〉也有類似的感慨：**「人生有情淚沾臆，江水江花豈終極？」**不過情況又有不同，當年他連自己是否能生還、皇上是否能回到京城都不知道，但現在至少知道大唐氣數未盡，只希望西方的吐蕃不要再進犯。高樓上可以隱約看見三國蜀後主的祠堂，在這位亡國昏君的祠堂旁則是諸葛武侯祠。據說諸葛亮最喜歡唱〈梁甫吟〉，日暮時分，杜甫也只能空自寫詩，當成自己的〈梁甫吟〉。

「身老時危思會面，一生襟抱向誰開？」[327] 此時真能了解杜甫一生襟抱的人，就只有嚴武了。在嚴武親自邀請下，杜甫入嚴武幕府任節度使參謀，嚴武並表奏朝廷授予他「檢校工部員外郎」，也就是比照工部員外郎這個從六品的職位任命。這是杜甫的最後一個官職，因此後世多稱他為「杜工部」。

據說[328] 杜甫因個性急躁，曾經觸怒嚴武，有的傳說中甚至說嚴武欲殺杜甫，幸得嚴武母親出面才得以保全性命。這些傳說不可盡信，至少從日後杜甫寫的詩看來，他始終相當尊敬嚴武。

不過杜甫與同事處得不太好倒是真的：

莫相疑行　杜甫

男兒生無所成頭皓白，牙齒欲落真可惜。
憶獻三賦蓬萊宮，自怪一日聲輝赫。
集賢學士如堵牆，觀我落筆中書堂。
往時文彩動人主，此日飢寒趨路旁。
晚將末契託年少，當面輸心背面笑。
寄謝悠悠世上兒，不爭好惡莫相疑。

杜甫說五十幾歲了一事無成，突然髮白齒搖。回憶當年獻上三大禮賦，一日之間聲名顯赫，集賢院的學士都爭相看我下筆。當時雖文采動人，如今卻飢寒交迫。晚年與年輕人結交，但你們當面雖熱絡，背後卻冷笑。所以我寄這首詩給大家，不要懷疑，我沒有要跟你們爭搶功勞。

這首詩跟李白〈翰林讀書言懷呈集賢諸學士〉不同，李白說他只想**「功成謝人間，從此一投釣」**，但是要「功成」必然要得到重用，所以集賢諸學士仍然跟他有競爭關係。但是杜甫說他「不爭」，根本不在意是否「功成」了。

身為節度參謀，杜甫也要時常為節度使分析當年局勢，例如他寫了著名的〈東西兩川說〉，大意是戰爭失利乃是因為糧食不足，而糧食不足乃因貧富不均、官員腐敗，雖然土地肥沃而無人耕種。

杜甫一來，就說當地官員有問題，也難怪與同事處不好吧。因為公事繁忙，杜甫無法每天從官府回到城外的草堂，所以只能離家獨自在府中住宿，心中充滿無奈：

宿府　杜甫

清秋幕府井梧寒，獨宿江城蠟炬殘。永夜角聲悲自語，中天月色好誰看？
風塵荏苒音書絕，關塞蕭條行路難。已忍伶俜十年事，強移棲息一枝安。

在前面清、寒、獨、殘、悲之後，杜甫終於說**「中天月色好」**，但是**「誰看」**？

府裡只有自己這個孤單老人。流落異鄉，而回鄉之路是那麼艱難。安史之亂爆發後至今已經十年，他們一家人漂流伶俜（ㄌㄧㄥˊ ㄆㄧㄥ，孤單無依）。《莊子・逍遙遊》言：**「鷦鷯巢於深林，不過一枝。」**只要有一枝安穩的樹枝，就足以讓鳥棲息，而庭院的梧桐，難道是他可以棲息的地方嗎？

或許「宿府」這件事會讓杜甫想起當年在皇宮中值夜的日子，他那時可是天未亮就寫好公文，興奮的等著上朝呢！但那時畢竟是直接向皇帝提供建議，與現在的生活是不可同日而語了。

所以他也寫詩〈遣悶奉呈嚴公二十韻〉，向嚴武訴苦自己有多苦悶。**「老妻憂坐痺，幼女問頭風」**，家中老妻的雙腿不好，女兒又時常頭痛，讓他滿憂心的。**「束縛酬知己」**，他甘於穿上官服受拘束，是為了報答嚴武這位知己，**「曉入朱扉啟，昏歸畫角終」**，每天上班早出晚歸，一點都不敢懈怠。

杜甫都這麼說了，嚴武也就時常讓他休假回家，只偶爾才去上班。他曾經哀嘆**「有弟皆分散，無家問死生」**，目前三個弟弟倒是都通上音信了，大家平安無恙，其中一位弟弟杜穎甚至來成都看他。最後送行時，杜甫悲不可抑，寫下〈送舍弟穎赴齊州三首〉，其二說：**「風塵暗不開，汝去幾時來。兄弟分離苦，形容老病催。」**自己已經又老又病，下次什麼時候能再見呢？

好景不常，代宗永泰元年（七六五年）嚴武以四十歲之年過世。杜甫一家再度乘舟離開草堂，這次是永遠離開了。

飄飄何所似？天地一沙鷗

杜家的小舟一路緩慢的赴戎州、經中州，然後抵達雲安。下面這首名詩不確定作於何時，但應該可以從中體會杜甫接下來漂流心情：

旅夜書懷　杜甫

細草微風岸，危檣獨夜舟。星垂平野闊，月湧大江流。
名豈文章著，官應老病休。飄飄何所似？天地一沙鷗。

孟浩然的〈宿建德江〉云：**「野曠天低樹，江清月近人。」**這當然寫得非常好，不過那是太平歲月裡個人寧靜的寂寞。而杜甫是**「星垂平野闊，月湧大江流」**，同樣開闊的場景，但卻如他的生活一般動盪不安，他這隻**「天地一沙鷗」**在廣闊的天地裡，簡直無依無靠、不知何去何從了。

雖然他說**「官應老病休」**，自己不應該再當官了，不過**「葵藿傾太陽，物性固難奪」**[329]，就像向日葵的本性就是向著太陽，杜甫也無法停止望著北極星，望著北方的君王，寫下**「今朝臘月春意動，雲安縣前江可憐。……明光起草人所羨，肺病幾時朝日邊」**[330]。

杜甫早早就離開成都，的確是有先見之明。該年冬天，接替嚴武任節度使的郭英乂為人粗暴不法，部將崔旰起兵攻打郭英乂，郭英乂死後，邛州柏茂琳等將領則發兵攻打崔旰，蜀中大亂[331]。杜甫聽聞消息後，寫下〈客居〉：**「西南失大將，商旅自星奔。……儒生老無成，臣子憂四藩。」**老儒無力可回天。

代宗大曆元年（七六六）春，然後杜甫一家再度乘舟離開雲安，前往夔州，即白帝城。或許是擔任節度參謀時，杜甫終於有了一點積蓄，因此得以在城外賃居，並且開始養雞。他寫詩〈催宗文樹雞柵〉給大兒子說，雞都跑到半山腰了，**「驅趁制不禁，喧呼山腰宅」**，趕快樹起柵欄，這樣雞才不會被狐狸吃掉。這首詩我念到笑出來，這麼生活化的內容，為什麼不好好說，一定要寫詩呢？或許就像他跟小兒子說的：**「詩是吾家事，人傳世上情。」**我們杜家，就是會寫詩。

杜甫的詩有莊重的一面，也有白話村夫的一面。例如我們目前已經念過的**「群雞正亂叫，客至雞鬥爭」**、**「無數蜻蜓齊上下」**、**「束帶發狂欲大叫」**、**「南村群童欺我老無力」**、**「牙齒欲落真可惜」**，顯然屬於白話的一面。**「天下幾人學杜甫，誰得其皮與其骨？**[332]**」**大白話這一招就讓白居易學會了。

上述的柏茂琳後來任夔州都督，可能杜甫任節度參謀時即已結識。看來柏茂琳很尊重杜甫的才華，不僅讓他可以居住在白帝城中的西閣，而且還將自己的俸祿分給杜甫。如杜甫〈峽口二首〉其二**「疲苶**（ㄋㄧㄝˊ，疲累）**煩親故，諸侯數賜金」**下就自注：

「主人柏中丞，頻分月俸。」

在柏都督如此關照下，杜甫的詩作迎來一座高峰。王維晚年的詩作漸少，杜甫倒是剛好相反。雖然有時要幫柏茂琳起草給朝廷的奏章文書，但是他除了遊覽和寫詩，暫時沒有後顧之憂——雖然家國之憂仍然沉重。此時的名作極多，我們選錄幾首。

宿江邊閣　杜甫

暝色延山徑，高齋次水門。薄雲巖際宿，孤月浪中翻。
鸛鶴追飛靜，豺狼得食喧。不眠憂戰伐，無力正乾坤。

在西閣留宿，看著峽谷中的薄雲孤月，杜甫內心也波濤洶湧。捕魚的鸛鶴雖已休息，兇猛的豺狼卻開始獵食。這晚他憂慮著各地的戰亂，卻是無能為力。

八陣圖　杜甫

功蓋三分國，名成八陣圖。
江流石不轉，遺恨失吞吳。

此詩再度表達了杜甫對諸葛亮的景仰。諸葛亮的功業冠於三國，他創的八陣圖更是三國最強大的行軍陣法。數百年來江水沖刷之下，八陣的石堆仍然屹立江邊。只可惜蜀漢先主劉備攻打吳國時，一方面不顧「聯吳抗魏」的三國鼎立形勢，又疏於布陣而吞敗[333]。

詠懷古跡五首（其三） 杜甫

群山萬壑赴荊門，生長明妃尚有村。一去紫臺連朔漠，獨留青冢向黃昏。
畫圖省識春風面，環珮空歸月夜魂。千載琵琶作胡語，分明怨恨曲中論。

「明妃」即王昭君，因始終得不到漢元帝的寵愛，而遠嫁匈奴。他告別紫臺（皇宮）之後，便獨自老死在異域。只在死後，她的魂魄才能回家，並在琵琶曲中傳達她的怨恨。杜甫一方面反對和親政策，一方面也對昭君的處境感同身受。

諸將五首（其五） 杜甫

錦江春色逐人來，巫峽清秋萬壑哀。正憶往時嚴僕射，共迎中使望鄉臺。

主恩前後三持節，軍令分明數舉杯。西蜀地形天下險，安危須仗出群材。

此篇追憶嚴武。杜甫從成都錦江來到巫峽，只覺群山萬壑都如此悲涼。嚴武一鎮東川、兩鎮劍南，故說嚴武三持節，且他軍令賞罰分明。如今杜鴻漸代嚴武鎮守劍南，卻是毫無謀略。西蜀這個天下險地，實須有更多如嚴武一般有為的將領。

秋興八首（其一）　杜甫

玉露凋傷楓樹林，巫山巫峽氣蕭森。江間波浪兼天湧，塞上風雲接地陰。叢菊兩開他日淚，孤舟一繫故園心。寒衣處處催刀尺，白帝城高急暮砧。

〈秋興八首〉為杜甫晚年的名篇，從巫峽寫起，懷想當年在長安的見聞。第一首說已經是深秋，連楓葉都已凋傷。波浪連天，風雲連地，他也心中不平靜。連續兩年賞菊，心中只有長安故園。一般人家都已拿刀尺在裁冬衣，白帝城中也傳來捶打衣服的擣衣聲。這種場景，他在故園也曾見過吧？

秋興八首（其二） 杜甫

夔府孤城落日斜，每依北斗望京華。聽猿實下三聲淚，奉使虛隨八月槎[334]。
畫省香爐違伏枕，山樓粉堞隱悲笳。請看石上藤蘿月，已映洲前蘆荻花。

已經晚上了，他每每依靠北斗七星找到北極星，望著北方想念長安。聽到猿啼聲，讓他也跟著啼哭了。曾經在節度使的幕下任職，卻是無緣隨同節度使一起回到京城。離開了朝廷畫省的香爐，如今因病而時常伏在枕上，隱隱傳來城牆戍卒吹奏的笳聲。此時夜已深，月已高，原本照著山石上藤蘿的月亮，現在照著沙洲前的蘆荻花。

秋興八首（其三） 杜甫

千家山郭靜朝暉，日日江樓坐翠微。信宿漁人還汎汎，清秋燕子故飛飛。
匡衡抗疏功名薄，劉向傳經心事違。同學少年多不賤，五陵衣馬自輕肥。

天亮了，朝陽照著城牆裡外的人家，而杜甫一如往日，在淡綠的煙霧中坐在江樓。漁人一如往常住在江邊，正準備南飛的燕子彷彿故意飛到他眼前，是來向他道別嗎？他實在不應該像漁人一樣留在此地的。他更應該像漢朝的匡衡因屢上奏疏而得到功名，劉向也曾協助黃帝精通經書，可是他的這些心願都無法達成。當年在長安的同學如今都不像杜甫一樣貧賤，他們在京都五陵，只管自己**「乘肥馬，衣輕裘**[335]**」**。

登高　杜甫

風急天高猿嘯哀，渚清沙白鳥飛回。無邊落木蕭蕭下，不盡長江滾滾來。
萬里悲秋常作客，百年多病獨登臺。艱難苦恨繁霜鬢，潦倒新停濁酒杯。

這首詩後人評為**「古今第一七言律詩**[336]**」**，其特色在於每一聯皆對偶，而且對偶的前後呼應非常特別。**首聯**以上句的仰視山景，對下句的俯視水景；且一般說猿為「玄（黑）猿」，也對下句的白鳥，有猿嘯，自然也有鳥鳴，顏色及聲音皆對；上下句也皆為「句中自對」，風急對天高，渚清對沙白。**頷聯**的上句為「想像中無限的空間」，對下句「想像中無限的時間」。首聯為「眼前實景」，對頷聯「想像中景」。

在首聯句中自對那麼綿密多重的意象之後，頷聯則以疊字組成如江流直下的節奏。**頸聯**上句為「實際作客的空間」，下句為「實際登臺的時間」，空間、時間與頷聯又是一次對照。頸聯的寫法又不同，上、下句都要從最後兩個字開始體會：「作客」已是悲哀，但偶一作客無所謂，他是經年累月「常作客」，偏偏現在是一年將盡時的秋天「悲秋常作客」，更可悲者，現在是離鄉萬里歸不得的「萬里悲秋常作客」。下句也可以用同樣方法體會登臺、獨、多病、百年。**末聯**的氣勢突然收斂，上句的艱難苦恨對應頸聯上句的悲秋作客，潦倒停杯對應頸聯下句的多病登臺。最後，末聯又以自身的衰老多病，對照首聯那似乎永恆不變的大自然。這首詩不只是字面對偶，內容也彼此呼應，大家寫作文可以嘗試看看。

閣夜　　杜甫

歲暮陰陽催短景，天涯霜雪霽寒宵。五更鼓角聲悲壯，三峽星河影動搖。
野哭千家聞戰伐，夷歌數處起漁樵。臥龍躍馬終黃土，人事音書漫寂寥。

大意是一年將盡，天寒地凍，而各地仍是戰亂頻傳。杜甫想起「臥龍」諸葛亮，以及西漢末年自立為「白帝」的公孫述[337]，他們如今都已歸於黃土，則自己關心的人事、音信也不是那麼重要了，那只是屬於短暫人世的寂寥而已。

杜甫難得的在夔州度過了兩年，或許是這種接近隱居的生活，讓他想起了**「惟先自鄒魯，家世重儒風」**的孟浩然，寫下〈解悶十二首〉其六：**「復憶襄陽孟浩然，清詩句句盡堪傳。即今耆舊無新語，漫釣槎頭縮頸鯿。」**

這段期間另一位弟弟杜觀也曾來團聚。不過，杜甫的身體愈來愈不好了，**「老病巫山裡，稽留楚客中[338]」**，**「眼復幾時暗，耳從前月聾[339]」**，**「君不見夔子之國杜陵翁，牙齒半落左耳聾[340]」**。

即使身體日漸衰朽，而這裡的生活又相對安定無虞，後期甚至有了一些田產，但杜甫仍然決定離開。要去哪裡呢？不是家鄉洛陽偃師，就是去長安，也或者他自己也不確定。他已經五十七歲了，該回家了。

隔年春天，他從白帝城出發前往江陵[341]，這段旅程我們很熟悉了，李白說：**「朝辭白帝彩雲間，千里江陵一日還。」**杜甫本來還不太相信，直到聽船夫說，才知道這是真的：**「朝發白帝暮江陵，頃來目擊幸有徵。[342]」**

杜甫離開夔州後，一點都不受當地官員重視，**「交態遭輕薄，今朝豁所思[343]」**，**「衰顏聊自哂，小吏最相輕[344]」**。被地方官員輕視這類事，李白也經歷過，但是李白會回嗆**「湖州司馬何須問，金粟如來是後身」**。可惜杜甫太老實了，就只是逆來順受。不過這種事情他當年還在長安求官時，早就已經看透了，寫了這首詩：

貧交行　杜甫

翻手作雲覆手雨，紛紛輕薄何須數。
君不見管鮑貧時交，此道今人棄如土。

這種人際之間的交往，忽然為雲，忽然為雨，反覆不定、前後不一的事情杜甫已經見得多了，管仲與鮑叔牙那與貧富無關的真友情，現代人早就棄如糞土了。

或許到了江陵之後，他寫了這首名作：

江漢　杜甫

江漢思歸客，乾坤一腐儒。片雲天共遠，永夜月同孤。
落日心猶壯，秋風病欲蘇。古來存老馬，不必取長途。

沒有，他沒有因為懷憂而喪志，他還「**心猶壯**」，畢竟他是乾坤天地間的一個腐儒啊，即使孤單，但秋風一吹，他都覺得各種疾病都痊癒了。不都說「老馬識途」嗎？曹操〈龜雖壽〉也說：「**老驥伏櫪，志在千里；烈士暮年，壯心不已。**」他一定還能對國家有點貢獻。

那麼，他的目的地是北方的長安嗎？不是的，江陵離岳陽不遠，他先往南去了當時每個文人都會去的岳陽樓：

登岳陽樓　杜甫

昔聞洞庭水，今上岳陽樓。吳楚東南坼，乾坤日夜浮。
親朋無一字，老病有孤舟。戎馬關山北，憑軒涕泗流。

「戎馬關山北」是個關鍵字，北方一直處於大大小小的戰事之中，杜甫攜家帶眷，他只能盡量選不受戰事波及的路線，從潭州再出發到衡州。雖然**「且知寬疾肺，不敢恨危途**[345]**」**、**「耳聾須畫字，髮短不勝篦**[346]**」**，但是他沒有停止北望，**「老病南征日，君恩北望心**[347]**」**。腐儒的人生如果沒有一股執念和信仰，應該無法支撐他老病的身軀走到今天吧，正如他下面這首詩也表達了同樣的心願：

小寒食舟中作　杜甫

佳辰強飲食猶寒，隱几蕭條戴鶡冠。春水船如天上坐，老年花似霧中看。
娟娟戲蝶過閒幔，片片輕鷗下急湍。雲白山青萬餘里，愁看直北是長安。

這時已是大曆五年（七七〇年）的春天，杜甫五十九歲，**「愁看直北是長安」**。看著他不斷北望，我覺得這像是一種動物本能了，如屈原《九章》所云：**「鳥飛返故鄉兮，狐死必首丘。」**鳥會飛返故鄉，而狐狸如果死在外地，也會將頭朝向洞穴所在的山丘。洛陽和長安都在北方，他要一直看著。

或許是此時他遇到了玄宗在位時紅極一時的歌手李龜年，據說[348]他現在也流落到了江南，宴席間每次演唱，賓客都不禁落淚。杜甫寫下這首詩：

江南逢李龜年　杜甫

岐王宅裡尋常見，崔九堂前幾度聞。
正是江南好風景，落花時節又逢君。

在最美好的年代多次見過你，那是在長安的岐王宅裡，在中書令崔湜的弟弟家裡。現在正是江南最美的季節，又在落花時節遇見你了。

這一切真不知從何說起，李白、王維、裴迪、玄宗、貴妃、安史之亂……或是自己**「往昔十四五，出遊翰墨場」**的時光？千頭萬緒，這時只能慶幸是在「江南好風景」的時刻遇見故人。

不久之後，湖南也發生戰事，團練使崔瓘被兵馬使臧玠所殺[349]，杜甫一家只能繼續往南方避難。傳說[350]他行舟到了耒陽時，遇大水困在舟中，餓了十天。耒陽聶縣令聽說之後，親自駕舟前往營救。杜甫獲救後吃了烤牛肉、喝了白酒就暴斃了。這件事一定是後人穿鑿附會的，雖然真有困在舟中後為聶縣令所救之事[351]，但他可不能這樣就死，因為他最後的心願是前往長安。

到了秋天，或許此次叛亂已經平息，他決定動身北上。長安古屬秦地，他寫下〈暮秋將歸秦，留別湖南幕府親友〉。然而，他終究沒有走到長安，途中就因病過世。

＊＊＊＊＊

杜甫生前或許名氣不大，但他的影響力開始漸漸發酵，三、四十年後，中唐的元稹、韓愈等人已經認為他是最好的詩人，雖然杜甫自己說**「名豈文章著」**，文章詩歌寫得好不好，其實無所謂的。蘇軾說〈王定國詩集敘〉說：**「古今詩人眾矣，而杜子美為首，豈非以其流落飢寒，終身不用，而一飯未嘗忘君也歟。」**這句話杜甫聽了應該會很高興，雖然**「親朋無一字，老病有孤舟」**，但是他未嘗忘君，這才是杜甫這位乾坤一腐儒的寫照。

然而「忠君」思想在今日畢竟已經不合時宜了，我更想記住杜甫「狂夫」的一面：雖然他的夢想是**「致君堯舜上」**，但是他不會為了俸祿而委屈自己當官。為什麼呢？難道有比謀生更重要的事情嗎？有的，還記得子曰**「天下有道則見，無道則隱」**嗎？或許他認為現在是「無道」的時刻了，他只想對得起自己的人格。

同場加映

一般會說杜甫詩歌最與眾不同的成就在於他的七言律詩，例如〈曲江二首〉、〈秋興八首〉都是備受推崇的名作。至於〈登高〉一詩，清人楊倫在《杜詩鏡銓》更極力稱讚：**「高渾一氣，古今獨步，當為杜集七言律詩第一。」**當然了，杜甫最好的一首七律，一定就是史上最好的七律。如果不是杜甫**「為人性僻耽佳句」**、**「新詩改罷自長吟」**，也寫不出這麼嚴謹的律詩。不誇張的說，如果不是杜甫在七律題材的開拓，就不會有後來李商隱那麼絕美的七律了。

但這只是就文學成就而言。看完杜甫以愛國為始、以飄零為終的一生，我只想在這些比較白話的絕句中，念念他眼中看到的花、鳥，就算其中仍有些客愁，但至少不要有太多的深愁。

絕句二首　杜甫

遲日江山麗，春風花草香。泥融飛燕子，沙暖睡鴛鴦。

江碧鳥逾白，山青花欲燃。今春看又過，何日是歸年？

春天來臨，白天漸長，而江山秀麗，花草皆香。燕子忙著銜泥築巢，一對鴛鴦睡在溫暖的沙地。碧綠的江水映襯得水鳥更加潔白，青翠的山色也讓紅花如火欲燃。這個美麗的春天又要過了，我何時才能回家呢？

江畔獨步尋花七絕句

江上被花惱不徹，無處告訴只顛狂。走覓南鄰愛酒伴，經旬出飲獨空床。

看見春花就顛狂、就想喝酒，這也是一種強迫症。只是南鄰的酒伴已經出門十天了。

稠花亂蕊裹江濱，行步攲危實怕春。詩酒尚堪驅使在，未須料理白頭人。

看見江畔亂開一通的春花，實在有點害怕，幸好還有詩酒陪伴，就先不擔心年老白頭了。

江深竹靜兩三家，多事紅花映白花。報答春光知有處，應須美酒送生涯。

沿江走著走著，又看到好多紅花白花。其實春光對人很好啊，無處不在，應該要飲一杯美酒報答春光。

東望少城花滿煙，百花高樓更可憐。誰能載酒開金盞，喚取佳人舞繡筵。

自己喝酒有點寂寞，看著滿城花朵，應該要有金盞盛酒、佳人伴舞才是。

黃師塔[352]前江水東，春光懶困倚微風。桃花一簇開無主，可愛深紅愛淺紅。

這首終於不喝酒了，杜甫在微風中有點懶洋洋的。他不說「野花」而說「開無主」，彷彿這些紅花在等著他。

黃四娘家花滿蹊，千朵萬朵壓枝低。留連戲蝶時時舞，自在嬌鶯恰恰啼。

沒人知道這位黃四娘到底是誰，蘇軾讀了詩之後認為[353]，古代多少大臣都沒有留下名字，但是黃四娘因為杜甫的詩而不朽了。

不是愛花即肯死，只恐花盡老相催。繁枝容易紛紛落，嫩葉商量細細開。

會這麼怕春天、怕春花，其實是害怕花落之後，自己又更加年老了。因此春天的嫩葉啊，請你們慢慢的發芽，不要讓春光走得太快了。

240 杜嗣業應為杜甫次子杜宗武的兒子，見《舊唐書．杜甫傳》：「子宗武，流落湖、湘而卒。元和中，宗武子嗣業，自耒陽遷甫之柩，歸葬於偃師縣西北首陽山之前。」

241 唐．元稹〈唐故工部員外郎杜君墓係銘并序〉。

242 宋．蘇軾〈書吳道子畫後〉。

243 宋．蘇軾〈書黃子思詩集後〉。

244 杜甫〈祭遠祖當陽君文〉：「十三葉孫甫，謹以寒食之奠，敢昭告於先祖晉駙馬都尉鎮南大將軍當陽成侯之靈。」

245 《新唐書．禮樂志》載，唐太宗貞觀二年，「罷周公，升孔子為先聖，以顏回配」，貞觀二十一年，「詔左丘明、卜子夏、公羊高、穀梁赤、伏勝、高堂生、戴聖、毛萇、孔安國、劉向、鄭眾、賈逵、杜子春、馬融、盧植、鄭康成、服虔、何休、王肅、王弼、杜預、范甯二十二人皆以配享。」

246 見宋．蘇洵〈蘇氏族譜〉：「蘇氏出自高陽，而蔓延於天下。唐神龍初，長史味道刺眉州，卒於官，一子留於眉。眉之有蘇氏自是始。」但此說後人爭論頗多。

247 杜甫〈贈蜀僧閭丘師兄〉。

248 杜甫〈宗武生日〉。

249 杜甫〈進雕賦表〉。

250 七一二年歷經睿宗太極、延和及玄宗先天三個年號，姑從先天元年。

251 杜甫〈與李十二白同尋范十隱居〉。

252 一作「騎驢十三載」或「騎驢三四載」。

253 欻（ㄏㄨ），忽然。

254 蹭蹬（ㄘㄥˋ ㄉㄥˋ），不得志。

255 怏怏（ㄧㄤˋ），心情鬱悶。踆踆（ㄑㄩㄣ），遲疑不前之狀。

256 《論語．公冶長》子曰：「道不行，乘桴浮於海。」

257 「一飯」典故有三個出處，其一為漢朝韓信報恩，其二為戰國范睢所言，其三為周公求賢若渴。見《史記．淮陰侯列傳》：「（韓）信釣於城下，諸母漂，有一母見信饑，飯信，竟漂數十日。信喜，謂漂母曰：『吾必有以重報母。』母怒曰：『大丈夫不能自食，吾哀王孫而進食，豈望報乎！』」《史記．范雎傳》：「一飯之德必償，睚眥之怨必報。」另見漢．韓嬰《韓詩外傳》：「（周公）一沐三握髮，一飯三吐哺，猶恐失天下之士。」

258 宋．司馬光《資治通鑑》（玄宗天寶六年）：「上欲廣求天下之士，命通一藝以上皆詣京師。李林甫恐草野之士對策斥言其姦惡，建言：『舉人多卑賤愚聵，恐有俚言污濁聖聽。』乃令郡縣長官精加試練，灼然超絕者，具名送省，委尚書覆試，御史中丞監之，取名實相副者聞奏。既而至者皆試以詩、賦、論，遂無一人及第者，林甫乃上表賀『野無遺賢』。」

259 杜甫〈去矣行〉。

260 李白〈夢遊天姥吟留別〉。

261 《孟子．盡心上》：「古之人，得志，澤加於民；不得志，脩身見於世。窮則獨善其身，達則兼善天下。」

262 《新唐書．百官志》：「武后垂拱二年，有魚保宗者，上書請置匭以受四方之書，乃鑄銅匭四，塗以方色，列於朝堂：青匭曰『延恩』，在東，告養人勸農之事者投之；丹匭曰『招諫』，在南，論時政得失者投之；白匭曰『申冤』，在西，陳抑屈者投之；黑匭曰『通玄』，在北，告天文、秘謀者投之。以諫議大夫、補闕、拾遺一人充使，知匭事；御史中丞、侍御史一人，為理匭使。其後同為一匭。天寶九載，玄宗以『匭』聲近『鬼』，改理匭使為獻納使。」

263 杜甫〈進三大禮賦表〉：「臣生長陛下淳樸之俗，行四十載矣。與麋鹿同群而處，浪跡於陛下豐草長林，實自弱冠之年矣。……謹稽首投延恩匭，獻納上表，進明主〈朝獻太清宮〉、〈朝享太廟〉、〈有事於南郊〉等三賦以聞。」

264 杜甫〈壯遊〉。

265 杜甫〈杜位宅守歲〉。

266 杜甫〈同諸公登慈恩寺塔〉，自注：「時高適、薛據先有此作，按寺乃高宗在東宮時為文德皇后立，故名慈恩。」

267 杜甫〈奉贈鮮于京兆二十韻〉。

268 杜甫〈白絲行〉。

269 《新唐書．鄭虔傳》：「玄宗愛其才，欲置左右，以不事事，更為置廣文館，以虔為博士。……虔善圖山水，好書，常苦無紙，於是慈恩寺貯柿葉數屋，遂往日取葉肄書，歲久殆遍。嘗自寫其詩並畫以獻，帝大署其尾曰：『鄭虔三絕』。」

270 杜甫〈進封西嶽賦表〉。

271 杜甫〈進雕賦表〉。

272 唐．高適〈封丘作〉。

273 宋．蘇軾〈與王定國書〉。

274 《新唐書．房琯傳》：「會琯請自將平賊，帝猶倚以成功……辛丑，中軍、北軍遇賊陳濤斜，戰不利……初，琯用春秋時戰法，以車二千乘繚營，騎步夾之。既戰，賊乘風譟，牛悉髀慄，賊投芻而火之，人畜焚燒，殺卒四萬，血丹野，殘眾才數千……琯雅自負，以天下為己任，然用兵本非所長。」

275 見宋．司馬光《溫公續詩話》。

276 《漢書．外戚列傳》：「成帝遊於後庭，嘗欲與婕妤同輦載，婕妤辭曰：『觀古圖畫，賢聖之君皆有名臣在側，三代末主乃有嬖女，今欲同輦，得無近似之乎？』上善其言而止。」

277 杜甫〈遣興〉。

278 《新唐書．房琯傳》：「琴工董廷蘭出入琯所，琯暱之。廷蘭藉琯勢，數招賕謝，為有司劾治，琯訴於帝，帝因震怒，叱遣之，琯惶恐就第。罷為太子少師。」董廷蘭一作「董庭蘭」。

279 《新唐書．杜甫傳》：「琯時敗陳濤斜，又以客董廷蘭，罷宰相。甫上疏言：『罪細，不宜免大臣。』帝怒，詔三司親問。宰相張鎬曰：『甫若抵罪，絕言者路。』帝乃解。」《舊唐書．杜甫傳》：「年十月，琯兵敗於陳濤斜。明年春，琯罷相。甫上疏言琯有才，不宜罷免。」

280 杜甫〈得家書〉。

281 杜甫〈徒步歸行〉，自注：「贈李特進，自鳳翔赴鄜州途經邠州作」。

282 宋．司馬光《資治通鑑》（肅宗至德二年）：「上皇降樓，撫上而泣。上捧上皇足，嗚咽不自勝。上皇索黃袍，自為上著之，上伏地頓首固辭。上皇曰：『天數、人心皆歸於汝，使朕得保養餘齒，汝之孝也！』上不得已，受之。……上皇謂左右曰：『吾為天子五十年，未為貴；今為天子父，乃貴耳！』左右皆呼萬歲。」

283 「樗」見《莊子．逍遙遊》：「惠子謂莊子曰：『吾有大樹，人謂之樗。其大本擁腫而不中繩墨，其小枝卷曲而不中規矩，立之塗，匠者不顧。』」「散」見《莊子．人間世》：「匠石之齊，至於曲轅，見櫟社樹。……曰：『散木也，以為舟則沈，以為棺槨則速腐，以為器則速毀，以為門戶則液樠，以為柱則蠹，是不材之木也，無所可用，故能若是之壽。』」

284 清．仇兆鰲《杜詩詳註》引明．盧世漼語。

285 唐．白居易〈紫薇花〉。

286 杜甫〈題省中壁〉。

287 如清．薛雪《一瓢詩話》言：「有唐一代詩人，惟李玉溪（商隱）直入浣花（杜甫）之室。」

288 全詩如下：

此道昔歸順，西郊胡正繁。至今殘破膽，應有未招魂。
近得歸京邑，移官豈至尊？無才日衰老，駐馬望千門。

289 見杜甫〈冬末，以事之東都。湖城東遇孟雲卿，復歸劉顥宅宿，宴飲散，因為醉歌〉：

疾風吹塵暗河縣，行子隔手不相見。
湖城城南一開眼，駐馬偶識雲卿面。
向非劉顥為地主，嬾回鞭轡成高宴。
劉侯歎我攜客來，置酒張燈促華饌。
且將款曲終今夕，休語艱難尚酣戰。
照室紅爐促曙光，縈窗素月垂文練。
天開地裂長安陌，寒盡春生洛陽殿。
豈知驅車復同軌，可惜刻漏隨更箭。
人生會合不可常，庭樹雞鳴淚如綫。

290 土門及杏園皆為地名，在今河南省。

291 《孟子．離婁下》。

292 杜甫〈自京赴奉先縣詠懷五百字〉。

293 杜甫〈夏夜歎〉。

294 東晉．陶潛〈歸去來兮辭〉。

295 杜甫〈立秋後題〉。

296 杜甫〈寄彭州高三十五使君適、虢州岑二十七長史參三十韻〉。

297 杜甫〈寄岳州賈司馬六丈、巴州嚴八使君兩閣老五十韻〉。

298 見《莊子．齊物論》：「狙公賦芧，曰：『朝三而暮四。』衆狙皆怒。曰：『然則朝四而暮三。』眾狙皆悅。」芧栗（ㄒㄩˋ ㄌㄧˋ）即橡栗。

299 《世說新語．任誕》：「王子猷（徽之）居山陰，夜大雪，眠覺，開室，命酌酒。四望皎然，因起仿偟，詠左思〈招隱詩〉。忽憶戴安道。時戴在剡，即便夜乘小船就之。經宿方至，造門不前而返。人問其故，王曰：『吾本乘興而行，興盡而返，何必見戴？』」

300 杜甫〈王十五司馬弟出郭相訪兼遺營茅屋貲〉。

301 杜甫〈憑韋少府班覓松樹子〉。

302 杜甫〈和裴迪登新津寺寄王侍郎〉。

303 杜甫〈解悶十二首〉其七。

304 杜甫〈與李十二白同尋范十隱居〉。

305 杜甫〈為農〉。

306 杜甫〈進艇〉，下同。

307 「堂上燕」一作「梁上燕」。「多病」句一作「但有故人供祿米」。

308 杜甫〈賓至〉，詩題一作「有客」：患氣經時久，臨江卜宅新。喧卑方避俗，疏快頗宜人。有客過茅宇，呼兒正葛巾。自鋤稀菜甲，小摘為情親。

309 詩題一作「賓至」。

310 杜甫〈魏十四侍御就弊廬相別〉。

311 杜甫〈百憂集行〉。

312 宋．歐陽脩〈梅堯臣集序〉：「予聞世謂詩人少達而多窮，夫豈然哉！蓋世所傳詩者，多出於古窮人之辭也。凡士之蘊其所有而不得施於世者，多喜自放於山巔水涯之外，見蟲魚草木風雲鳥獸之狀類，往往探其奇怪，內有憂思感憤之鬱積，其興於怨刺，以道羈臣寡婦之所歎，而寫人情之難言，蓋愈窮則愈工。然則非詩之能窮人，殆窮者而後工也。……奈何使其老不得志而為窮者之詩，乃徒發於蟲魚物類羈愁感歎之言。」

313 見《新唐書．宦官下》：「輔國因妄言於帝曰：『太上皇居近市，交通外人，玄禮、力士等將不利陛下，六軍功臣反側不自安，願徙太上皇入禁中。』……自是太上皇怏怏不豫，至棄天下。」

314 杜甫有〈因崔五侍御寄高彭州（適）〉：百年已過半，秋至轉飢寒。為問彭州牧，何時救急難。

315 杜甫〈可惜〉，全詩如下：花飛有底急，老去願春遲。可惜歡娛地，都非少壯時。寬心應是酒，遣興莫過詩。此意陶潛解，吾生後汝期。

316 杜甫〈江上值水如海勢聊短述〉。

317 《舊唐書．崔光遠傳》：「段子璋反，東川節度使李奐敗走，投（崔）光遠，率將花驚定等討平之。將士肆其剽劫，婦女有金銀臂釧，兵士皆斷其腕以取之，亂殺數千人，光遠不能禁。肅宗遣監軍官使按其罪，光遠憂恚成疾，上元二年十月卒。」《舊唐書．高適傳》：「西川牙將花驚定者，恃勇，既誅子璋，大掠東蜀。」

318 如杜甫有〈說旱〉一文：「公誠能暫輟諸務，親問囚徒，除合死者之外，下筆盡放，使囹圄一空，必甘雨大降。」建議嚴武除了死囚之外，盡快讓人出獄，則必會天降甘霖。

319 杜甫〈奉濟驛重送嚴公四韻〉。

320 杜甫〈寄題江外草堂〉，下同。

321 《新唐書．宦官下》：「李輔國，本名靜忠，以閹奴為閑廄小兒。貌儜陋，略通書計。……自輔國徙太上皇，天下疾之，帝在東宮積不平。既嗣位，不欲顯戮，遣俠者夜刺殺之，年五十九，抵其首溷中，殊右臂，告泰陵。然猶秘其事，刻木代首以葬，贈太傅，謚曰『醜』。」

322 《新唐書．回鶻上》：「初，回紇至東京，放兵攘剽，人皆遁保聖善、白馬二祠浮屠避之，回紇怒，火浮屠，殺萬餘人，及是益横，詬折官吏，至以兵夜斫含光門，入鴻臚寺。方其時，陝州節度使郭英乂留守東都，與魚朝恩及朔方軍驕肆，因回紇為暴，亦掠汝、鄭間，鄉不完廬，皆蔽紙為裳，虐於賊矣。」

323 見《新唐書．代宗本紀》。

324 杜甫〈警急〉。

325 杜甫〈巴山〉。

326 《舊唐書．房琯傳》：「寶應二年四月，拜特進、刑部尚書。在路遇疾，廣德元年八月四日，卒於閬州僧舍，時年六十七。贈太尉。」

327 杜甫〈奉待嚴大夫〉。

328 見《舊唐書》：「甫性褊躁，無器度，恃恩放恣。嘗憑醉登武之床，瞪視武曰：『嚴挺之乃有此兒！』武雖急暴，不以為忤。」《新唐書》：「武再帥劍南，表為參謀，檢校工部員外郎。武以世舊，待甫甚善，親至其家。甫見之，或時不巾，而性褊躁傲誕，嘗醉登武床，瞪視曰：『嚴挺之乃有此兒！』武亦暴猛，外若不為忤，中銜之。一日欲殺甫及梓州刺史章彝，集吏於門。武將出，冠鉤於簾三，左右白其母，奔救得止，獨殺彝。」《唐國史補》：「嚴武，少以強俊知名。蜀中坐衙，杜甫袒跣登其機案，武愛其才，終不害。然與章彝素善，再入蜀，談笑殺之。」《唐摭言》：「杜工部在蜀，醉後登嚴武之床，厲聲問武曰：『公是嚴挺之子否?』武色變。甫復曰：『僕乃杜審言兒。』於是少解。」

329 杜甫〈自京赴奉先縣詠懷五百字〉。

330 杜甫〈十二月一日三首〉其一。

331 《新唐書·代宗本紀》永泰元年十月：「劍南節度使郭英乂為其檢校西山兵馬使崔旰所殺，邛州柏茂林、瀘州楊子琳、劍南李昌巙皆起兵討旰，蜀中亂。」

332 宋·蘇軾〈次韻孔毅甫集古人句見贈五首〉其三。

333 清·黃生《杜詩說》：「先主志欲吞吳，乃疏於立陣，連營七百里，不知進退分合之法，以至一敗塗地，豈非千古之大恨哉。」

334 晉·張華《博物志》：「舊說云，天河與海通。近世有人居海渚者，年年八月有浮槎去來不失期。」此指杜甫不能乘著八月的浮槎離去。

335 《論語·雍也》子曰：「赤（子華）之適齊也，乘肥馬，衣輕裘。吾聞之也，君子周急不繼富。」意思是子華在齊國過著豪奢的生活，所以孔子不再幫助子華的家人，因為君子只周濟有急需的人，而不會為富人錦上添花。

336 明·胡應麟《詩藪》：「杜風急天高一章五十六字，如海底珊瑚，瘦勁難名，沉深莫測，而精光萬丈，力量萬鈞，通章章法、句法、字法前無昔人，後無來學，微有說者，是杜詩非唐詩耳。然此詩自當為古今七言律第一，不必為唐人七言律第一也。」

337 「躍馬」見晉·左思〈蜀都賦〉「公孫躍馬而稱帝」。

338 杜甫〈老病〉。

339 杜甫〈耳聾〉。

340 杜甫〈復陰〉。

341 杜甫〈大曆三年春，白帝城放船出瞿塘峽，久居夔府，將適江陵漂泊，有詩凡四十韻〉。

342 杜甫〈最能行〉。

343 杜甫〈移居公安敬贈衛大郎〉。

344 杜甫〈久客〉。

345 杜甫〈北風〉。

346 杜甫〈水宿遣興奉呈群公〉。

347 杜甫〈南征〉。

348 唐．鄭處誨《明皇雜錄》：「龜年流落江南，每遇良辰勝賞，為人歌數闋，座中聞之，莫不掩泣罷酒。」

349 《新唐書．代宗本紀》大曆五年：「湖南兵馬使臧玠殺其團練使崔瓘。」

350 《舊唐書．杜甫傳》：「甫以其家避亂荊、楚，扁舟下峽，未維舟而江陵亂，乃溯沿湘流，游衡山，寓居耒陽。甫嘗游嶽廟，為暴水所阻，旬日不得食。耒陽聶令知之，自棹舟迎甫而還。永泰二年，啖牛肉白酒，一夕而卒於耒陽，時年五十九。」《新唐書．杜甫傳》：「大曆中，出瞿唐，下江陵，溯沅、湘以登衡山，因客耒陽。游嶽祠，大水遽至，涉旬不得食，縣令具舟迎之，乃得還。令嘗饋牛炙白酒，大醉，一昔卒，年五十九。」

351 杜甫有詩〈聶耒陽以僕阻水，書致酒肉，療飢荒江，詩得代懷興盡本韻，至縣呈聶令，陸路去方田驛四十里，舟行一日，時屬江漲，泊於方田〉。

352 宋．陸游《老學庵筆記》：「予在成都，偶以事至犀浦，過松林甚茂，問馭卒：『此何處？』答曰：『師塔也。』蓋謂僧所葬之塔。於是乃悟杜詩『黃師塔前江水東』之句。」另外，宋．蘇軾〈和子由澠池懷舊〉亦寫「老僧已死成新塔」。

353 宋．蘇軾〈書子美黃四娘詩〉：「此詩雖不甚佳，可以見子美清狂野逸之態，故僕喜書之。昔齊魯有大臣，史失其名，黃四娘獨何人哉，而託此詩以不朽，可以使覽者一笑。」

後記

既讀詩也讀人生：一個古詩後遺症患者的告白

有個小學生連小妹妹問我：「聽說你認識李白？」

「認識嗎……」這麼一問，我也只能回答：「我跟他還算熟。」

小學生一聽很興奮：「他是不是喝醉之後，為了撈月亮才淹死的？」

「不是！雖然有這種傳說，但他不是淹死的！」我回答。

可能是因為李白詩中寫了太多月亮，大家對他的印象又是瀟灑浪漫，所以才有這種傳說吧[1]。相較之下，窮困潦倒的杜甫連死因的傳說都比較悲慘，據說他因為水災餓了十天，獲救後吃了太多牛肉、白酒之後暴斃。更慘的是，這個誤傳的故事竟然還被記錄在史書上[2]。

小學生又追問：「你怎麼知道的？」

這個問題就比較難回答了，我每天半夜抱著一落參考書，經暑歷寒，老花眼不斷加深，就是在追查這些人的生平。

這幾年時常有人要我推薦古詩詞的入門書，但是我檢索書架之後發現，「鑑賞」類的書籍，因為是講解單首詩，所以只能多讀幾首詩之後，慢慢拼湊他們的人生。可是不了解他們的生平，又怎麼可能讀懂他們的詩呢？另外，「傳記」類的書籍，則偏重於詩人的生平，對於詩作幾乎不講解，多數讀者只能另外去查找這些詩的翻譯，因此閱讀門檻比較高，不太適合中小學生或是離開校園已久的讀者。然而，看不懂這些詩，又怎麼可能真的貼近他們的心情呢？

為了同時符合「讀詩」及「讀人生」這兩種需求，我只好自己寫一本了。

那麼，該如何著手呢？最直覺的選擇，自然就是盛唐詩人。本書承蒙宋怡慧老師及厭世國文老師撥冗撰寫序言，兩人的大作中都已清楚說明盛唐詩人的非凡成就和特殊地位，可見「從盛唐入唐詩的坑」是個「穿越」時空的好選擇，因此厭世國文老師也說盛唐「輕易便是一處最顯眼的存在」。

另外，宋怡慧老師也特別提出「出仕是唐代文人理性的人生選擇，但，道佛盛行的世風，他們內在鼓音也咚咚作響」。這點毫無疑問，每個人的生命都非常複雜，無法簡單將詩人分類。不過在著手撰稿時，我又產生第三個野心：除了詩人生平和詩作解說之外，或許可以讓讀者窺見盛唐詩人的整體氛圍。因此我在「仕」、「隱」兩條人生道路，以及「佛」、「道」、「儒」三種處世哲學中，各挑選一位代表人物，組成了**「光焰萬丈長」**的盛唐五人團。

我在夜復一夜敲著筆電鍵盤時，也發現了此前相關書籍的撰寫難處：篇幅限制。如果每一首詩都要至少簡單說明大意，字數已經會暴增。如果每一段生平都要引述古書出處，以及生卒年、詩作繫年的考證，則不僅是篇幅問題，對於入門讀者而言也似非必要。

我盡力在這兩難之中保持平衡，不僅陪伴五人團度過人生中所有的關鍵時刻，也大致傳達他們苦心傑作的大意。

這一年來，因為每天與盛唐五人團相處，幾乎懷疑自己是他們的經紀人了，也產生了一個後遺症：不管我去到哪，都會想到他們的詩。例如去太平山家庭旅遊，看著連綿山壑有清楚的明暗分界，我跟小孩說，這就是王維〈終南山〉寫的**「分野中峰變，陰晴眾壑殊」**。再到了附近的見晴懷古步道，發現我們被濃霧包圍了，我又說，這就是王維同一首詩說的**「白雲迴望合，青靄入看無」**。又例如到了林安泰古厝郊遊，看到水邊的涼亭，我心情暢美，想著這附近沒有人家，不正是杜甫〈水檻遣心二首〉說的**「細雨魚兒出，微風燕子斜。城中十萬戶，此地兩三家」**？

有件事現在回想起來，才知道自己已被五人團折磨成疾。那天地震時，我正在寫稿，心中只想著：「沒事，剛剛只是李白動了一下筆，他的〈江上吟〉說自己**『興酣落筆搖五嶽，詩成笑傲凌滄洲』**。」

寫完全書的隔日早晨，陽光正好，**「泥融飛燕子，沙暖睡鴛鴦」**，我在陽臺晾衣服時，口中自動出現了杜甫這兩句詩，這已經沒有具體原因了，或許是我心頭暖暖的？也或許是我還不想從古詩後遺症中痊癒吧。

希望大家讀完本書之後，沒有這個後遺症。因為在我們的生活中，讀不讀詩其實也無所謂的，始終春天花開，秋天月圓。只是如果古詩的優美不小心誘惑了你，希望大家看完《盛唐五人團》的詩作和生命故事之後，也能知道我們在人生的各種分岔道路上，始終有重新選擇的機會——詩人已經用盡全力示範給我們看了，而且，他們只示範這一次。

1 此傳說見元．辛文房《唐才子傳》：「白晚節好黃、老，度牛渚磯，乘酒捉月，沉水中。」清．王琦《李太白集注》引《唐摭言》：「李白著宮錦袍，遊采石江中，傲然自得，旁若無人。因醉，入水中捉月而死。」然而宋．洪邁《容齋隨筆》已反駁這種說法：「世俗多言李太白在當塗采石，因醉泛舟於江，見月影俯而取之，遂溺死，故其地有捉月臺。予按李陽冰作太白《草堂集序》云：『陽冰試絃歌於當塗，公疾亟，草稿萬卷，手集未修，枕上授簡，俾予為序。』又李華作〈太白墓志〉亦云：『賦〈臨終歌〉而卒。』乃知俗傳良不足信。蓋與謂杜子美因食白酒牛炙而死者同也。」

2 見唐．鄭處誨《明皇雜錄》：「杜甫後漂寓湘潭間，旅於衡州耒陽縣，頗為令長所厭。甫投詩於宰，宰遂置牛炙白酒以遺。甫飲過多，一夕而卒。」《舊唐書．杜甫傳》：「甫嘗游嶽廟，為暴水所阻，旬日不得食。耒陽聶令知之，自棹舟迎甫而還。永泰二年，啖牛肉白酒，一夕而卒於耒陽，時年五十九。」《新唐書．杜甫傳》：「因客耒陽。游嶽祠，大水遽至，涉旬不得食，縣令具舟迎之，乃得還。令嘗饋牛炙白酒，大醉，一昔卒，年五十九。」

杜甫
名豈文章著，官應老病休。
飄飄何所似？天地一沙鷗。
王維
行到水窮處，坐看雲起時。
偶然值林叟，談笑無還期。
孟浩然
荷風送香氣，竹露滴清響。
欲取鳴琴彈，恨無知音賞。
李白
抽刀斷水水更流，舉杯銷愁愁更愁。
人生在世不稱意，明朝散髮弄扁舟。
王昌齡
寒雨連江夜入吳，平明送客楚山孤。
洛陽親友如相問，一片冰心在玉壺。

盛唐五人團

完全看懂他們只示範一次的詩人哲學──

孟浩然、王維、王昌齡、李白、杜甫

作　　者　趙啟麟
插　　圖　黃昀嘉
裝幀設計　黃昀嘉
業　　務　王綬晨、邱紹溢
編輯企劃　劉文雅
特約總編輯　趙啟麟
發 行 人　蘇拾平
出　　版　啟動文化
台北市 105 松山區復興北路 333 號 11 樓之 4
電話：（02）2718-2001　傳真：（02）2718-1258
Email：onbooks@andbooks.com.tw
發　　行　大雁文化事業股份有限公司
台北市 105 松山區復興北路 333 號 11 樓之 4
24 小時傳真服務：（02）2718-1258
Email：andbooks@andbooks.com.tw
劃撥帳號：19983379
戶名：大雁文化事業股份有限公司

初版一刷　2022 年 3 月
定　　價　460 元
I S B N　978-986-493-130-9

國家圖書館出版品預行編目（CIP）資料

盛唐五人團 / 趙啟麟著 . -- 初版 . -- 臺北市 : 啟動文化 : 大雁文化事業股份有限公司發行 , 2022.03
面 ;　公分
ISBN 978-986-493-130-9(平裝)

1.CST: 唐詩 2.CST: 詩評 3.CST: 傳記

782.24414　　110022703